- Desatoro prikázaní -

Boží zákon

Dr. Jaerock Lee

URIM BOOKS

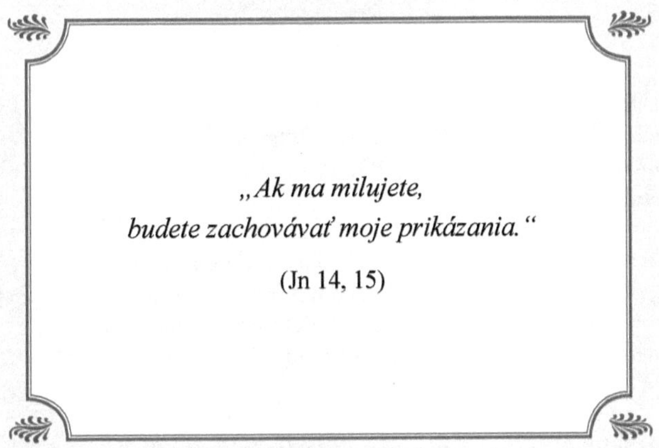

„Ak ma milujete,
budete zachovávať moje prikázania. “

(Jn 14, 15)

Boží zákon by Dr. Jaerock Lee
Vydavateľstvo Urim Books (Predstaviteľ: Sungnam Vin)
73, Yeouidaebang-ro 22-gil, Dong, Dongjak Gu, Soul, Kórea
www.urimbooks.com

Pri preklade biblických citátov z angličtiny do slovenčiny bol použitý zdroj: Svätá Biblia, Jozef Roháček, 2007. Použité s dovolením.

Pôvodne vydané v kórejskom jazyku v roku 2007 vydavateľstvom Urim Books

Prvé vydanie Február 2020

Editoval Dr. Geumsun Vin
Navrhol Editorial Bureau of Urim Books
Vytlačil Yewon Printing Company
Pre viac informácií kontaktujte urimbooks@hotmail.com

Predslov

Počas mojej služby dostávam množstvo otázok, ako napríklad: „Kde je Boh?" alebo „Ukáž mi Boha", či „Ako sa môžem stretnúť s Bohom?" Ľudia kladú tieto druhy otázok, pretože nevedia, ako ako sa stretnúť s Bohom. Ale cesta k stretnutiu s Bohom je oveľa jednoduchšia, ako si myslíme. S Bohom sa môžeme stretnúť jednoducho tým, že sa naučíme jeho prikázania a podľa nich konáme. Avšak, aj keď si je mnoho ľudí toho vedomých, nedarí sa im prikázania dodržiavať, pretože nechápu skutočný duchovný význam zachytený v každom prikázaní, ktoré je výsledkom hlbokej Otcovej lásky k nám.

Ako človek potrebuje riadne vzdelanie, aby sa pripravil na život v spoločnosti, Božie dieťa tiež potrebuje riadne vzdelanie, aby bolo pripravené na život v nebi. A na to sú potrebné Božie zákony. Každé nové Božie dieťa by malo byť vyučované Božie zákony alebo jeho Desatoro prikázaní a tie by mali byť uplatňované v každodennom kresťanskom živote. *Boží zákon* je prikázanie, ktoré Boh pripravil pre nás ako spôsob, ako sa k nemu priblížiť, získať jeho odpovede a byť s ním. Inými slovami, naučenie sa Božieho zákona je našou vstupenkou na stretnutie s Bohom.

Okolo roku 1 446 p.n.l., hneď potom, čo Izraeliti odišli z Egypta, Boh ich chcel viesť do krajiny oplývajúcej mliekom a medom, inak známej ako Kanaánska krajina. Aby k tomu mohlo dôjsť, Izraeliti potrebovali pochopiť Božiu vôľu, a tiež potrebovali vedieť, čo skutočne znamená stať sa Božími deťmi. To je dôvod, prečo Boh láskyplne vyryl Desatoro prikázaní, ktoré výstižne zhŕňajú všetky jeho zákony, na dve kamenné tabule (Ex 24, 12). Potom dal tieto tabule Mojžišovi, aby mohol poučiť Izraelitov o tom, ako sa dostať tam, kde Boh chce, aby boli, to znamená do jeho prítomnosti, tým, že ich naučí ich povinnostiam ako Božích detí.

Asi pred tridsiatimi rokmi po mojom stretnutí so živým Bohom som sa začal učiť jeho zákony a dodržiavať ich, začal som chodiť do kostola a vyhľadávať každé duchovné stretnutie, aké som mohol nájsť. Ako prvé som prestal fajčiť a piť, a potom som sa dozvedel o zachovávaní dňa odpočinku svätým, dávaní celých desiatkov, modlení sa, atď. Do malého notesa som si začal zapisovať hriechy, ktoré som nedokázal ihneď odhodiť. Potom som sa modlil a postil a prosil Boha o pomoc pri dodržiavaní jeho prikázaní. Výsledkom bolo úžasné požehnanie, ktoré som dostal!

Ako prvé Boh fyzicky požehnal moju rodinu, a tak nikto z nás nikdy neochorel. Potom nám dal toľko finančného požehnania, že sme sa mohli slobodne zamerať na pomoc ľuďom v núdzi. A nakoniec na mňa vylial toľko duchovného požehnania, že som teraz schopný viesť celosvetovú službu zameranú na svetovú evanjelizáciu a misie.

Ak sa naučíte Božie prikázania a dodržiavate ich, bude sa vám dariť nielen vo všetkých oblastiach vášho života, ale tiež zažijete slávu jasnú ako slnko, keď vstúpite do jeho večného kráľovstva.

Táto kniha *Boží zákon* je súhrnom sérií prednášok založených na Jeho slove a vnuknutí o „Desatore prikázaniach", ktoré som dostal pri pôste a modlitbe krátko po tom, ako som začal moju službu. Prostredníctvom týchto správ mnohí veriaci pochopili Božiu lásku, začali žiť život v poslušnosti k jeho prikázaniam, a tým prosperovali nielen duchovne, ale aj vo všetkých ostatných oblastiach ich života. Okrem toho, mnohí veriaci dostali odpoveď na každú modlitbu. A čo je najdôležitejšie, všetci získali väčšiu nádej na nebo.

Preto, ak pochopíte duchovný význam Desatora prikázaní, ktoré sú opísané v tejto knihe, pochopíte hlbokú lásku Boha, ktorý nám dal Desatoro prikázaní, a rozhodnete sa žiť v poslušnosti k jeho prikázaniam, môžem vám zaručiť, že od Pána dostanete neuveriteľné požehnanie. V Dt 28, 1-2 je napísané, že budete požehnaní za každých okolností: *„Ak budeš naozaj počúvať hlas Pána, svojho Boha, zachovávať a uskutočňovať všetky jeho príkazy, ktoré ti dnes dávam, Pán, tvoj Boh, ťa vyvýši nad všetky národy zeme. Keď budeš poslúchať slovo Pána, svojho Boha, spočinú na tebe všetky tieto požehnania a budú ťa sprevádzať."*

Rád by som poďakoval Geumsunovi Vinovi, riaditeľovi redakcie Urim Books, a jej zamestnancom za ich obetavosť a neoceniteľnú podporu pri vydaní tejto knihy. Tiež sa v mene nášho Pána modlím, aby všetci tí, ktorým sa dostane do rúk táto kniha, s ľahkosťou pochopili Božie zákony a dodržiavali jeho prikázania, aby boli ešte viac milovanými, a tak požehnanejšími Božími deťmi!

Jaerock Lee

Úvod

Všetku slávu vzdávam Bohu Otcovi za to, že nám umožnil zhromaždiť štúdium Desatora prikázaní, ktoré obsahujú Božie srdce a vôľu, do tejto knihy *Boží zákon*.

Prvá kapitola, „Božia láska obsiahnutá v Desatore prikázaní," poskytuje čitateľovi nevyhnutné základné informácie o Desatore prikázaní. Odpovedá na otázku: „Čo presne je Desatoro prikázaní?" Táto kapitola tiež vysvetľuje, že Boh nám dal Desatoro prikázaní, pretože nás miluje a chce nás požehnať. Preto, keď sme každému prikázaniu poslušní mocou Božej lásky, potom môžeme dostať všetky požehnania, ktoré má Boh pre nás pripravené.

V „prvom prikázaní" sa dozvedáme, že ak niekto miluje Boha, on alebo ona môže s ľahkosťou dodržiavať jeho príkazy. Táto kapitola tiež odpovedá na otázku, prečo nám ako prvé prikázanie Boh prikazuje neklaňať sa iným bohom ako jemu.

„Druhé prikázanie" pokrýva dôležitosť toho, aby sme nikdy neuctievali falošné modly – alebo v duchovnom zmysle – milovali niečo viac ako Boha. Tu sa tiež dozvedáme o duchovných dôsledkoch uctievania falošných modiel a o špecifických požehnaniach a kliatbach, ktoré nás následkom toho postihnú.

Kapitola o „treťom prikázaní" nám vysvetľuje, čo znamená nebrať Pánovo meno nadarmo, a to, čo je potrebné urobiť, aby sme sa tomu vyhli.

Vo „štvrtom prikázaní" sa dozvedáme o pravom význame „dňa odpočinku" a to, prečo sa prechodom zo Starého zákona na Nový zákon tento deň zmenil zo soboty na nedeľu. Táto kapitola tiež troma rôznymi spôsobmi popisuje, ako presne by mal človek dodržiavať deň odpočinku svätý. V tejto kapitole sú opísané aj podmienky výnimok tohto prikázania – kedy sú pracovné a obchodné transakcie v deň odpočinku povolené.

„Piate prikázanie" podrobne vysvetľuje, ako by si mal človek ctiť svojich rodičov zbožným spôsobom. Tiež sa dozvedáme o tom, čo znamená ctiť si Boha, ktorý je Otcom nášho ducha, a aké druhy požehnania dostávame, keď si v jeho pravde ctíme jeho, a aj našich fyzických rodičov.

Kapitola o „šiestom prikázaní sa skladá z dvoch častí: prvá časť je zameraná na hriech spáchania fyzickej vraždy a druhá časť je duchovným vysvetlením spáchania hriechu vraždy v srdci človeka, z čoho môžu byť vinní mnohí veriaci, ale len zriedka si uvedomia, že ho páchajú.

„Siedme prikázanie" popisuje hriech fyzického cudzoložstva a hriech cudzoložstva v srdci a mysli človeka, čo je v skutočnosti desivejším hriechom. Táto kapitola sa tiež dotýka duchovného významu spáchania tohto hriechu a procesu modlitby a pôstu, ktorým človek môže odhodiť tento hriech pomocou Ducha Svätého a moci a lásky Boha.

„Ôsme prikázanie" opisuje fyzickú a duchovnú definíciu krádeže. Táto kapitola tiež konkrétne vysvetľuje, ako človek môže spáchať hriech kradnutím od Boha tým, že nedáva celé desiatky a obetné dary, či dokonca nesprávnym zaobchádzaním s Božím slovom.

„Deviate prikázanie" sa zaoberá tromi rôznymi druhmi krivého svedectva alebo klamstva. Táto kapitola tiež zdôrazňuje, ako človek dokáže z jeho srdca vytiahnuť koreň klamstva tým, že si ho naplní pravdou.

„Desiate prikázanie" vysvetľuje prípady spáchania hriechu ako výsledok chamtivosti po majetku blížneho. Tiež sa tu dozvedáme, že pravým požehnaním je to, keď naša duša prosperuje, pretože keď naša duša prosperuje, dostaneme požehnanie prosperovať vo všetkých oblastiach nášho života.

A nakoniec, v poslednej kapitole, „Dodržiavať Boží zákon", sa pozrieme na službu Ježiša Krista, ktorý splnil zákon s láskou, dozvieme sa, že na splnenie Božieho slova musíme mať lásku. Tiež sa dozvedáme o druhu lásky, ktorá dokonca presahuje spravodlivosť.

Dúfam, že vám tento text ako čitateľovi pomôže jasne pochopiť duchovný význam Desatora prikázaní. A keď budete dodržiavať Pánove prikázania, budete neustále prebývať v jasnej Božej prítomnosti. Tiež sa v mene nášho Pána modlím, aby ste počas dodržiavania jeho zákonov dosiahli vo vašom duchovnom živote bod, kde sú všetky vaše modlitby zodpovedané a všetky oblasti vášho života budú pretekať jeho požehnaním!

Geumsun Vin
Riaditeľ redakcie

Obsah

Kapitola 1

Božia láska obsiahnutá v Desatore prikázaní

Ex 20, 5-6

„Nebudeš sa im klaňať ani im slúžiť, lebo ja som Pán, tvoj Boh, Boh žiarlivý, ktorý trestá viny otcov na synoch do tretieho i štvrtého pokolenia tých, čo ma nenávidia, ale milosť preukazujem tisícom tých, čo ma milujú a zachovávajú moje prikázania.“

Pred štyritisíc rokmi si Boh vyvolil Abraháma za otca viery. Boh Abraháma požehnal a uzavrel s ním zmluvu, prisľúbil mu toľko potomkov „ako hviezd na nebi, a ako piesok na morskom brehu."

A v čase jeho výberu Boh verne vybudoval izraelský národ skrze dvanástich synov Abrahámovho vnuka Jakuba. Pod Božou ochranou sa Jakub a jeho synovia presťahovali do Egypta, aby sa vyhli hladomoru a žili tam 400 rokov. To všetko bolo súčasťou milujúceho Božieho plánu, aby boli ochránení pred inváziou pohanských národov, až kým sa z nich nestane väčší a silnejší národ.

Jakubova rodina sa rozrástla zo sedemdesiatich ľudí – keď sa prvýkrát presťahovali do Egypta – do množstva postačujúceho na to, aby vytvorili celý národ. A ako tento národ silnel, Boh si vybral jedného človeka menom Mojžiš, aby sa stal vodcom Izraelitov. Potom Boh viedol týchto ľudí do zasľúbenej Kanaánskej krajiny, do krajiny oplývajúcej mliekom a medom.

Desatoro prikázaní boli milujúce slová, ktoré dal Boh Izraelitom, keď ich viedol do zasľúbenej zeme.

Na to, aby Izraeliti mohli vstúpiť do požehnanej Kanaánskej krajiny, museli splniť dve podmienky: museli mať vieru v Boha; a museli ho poslúchať. Avšak, bez vopred nastaveného štandardu pre ich vieru a poslušnosť nevedeli, čo skutočne znamená mať vieru a byť poslušnými. To je dôvod, prečo im Boh skrze ich vodcu Mojžiša dal Desatoro prikázaní.

Desatoro prikázaní sú zoznamom pravidiel, ktoré tvoria štandard, ktorý majú ľudské bytosti nasledovať. Ale Boh ich autokraticky nenútil tieto prikázania dodržiavať. Až potom, čo im ukázal jeho zázračnú moc a dovolil im zažiť ju – zoslaním desiatich rán na Egypt, rozdelením Červeného mora, premenením horkej vody v Mare na sladkú, nasýtením Izraelitov mannou a prepelicami – dal im Desatoro prikázaní, ktoré mali nasledovať.

Najdôležitejšou informáciou je to, že každé Božie slovo, vrátane Desatora prikázaní, nebolo dané len Izraelitom, ale všetkým tým, ktorí v neho dnes veria, ako skratka k získaniu jeho lásky a požehnaní.

Srdce Boha, ktorý dal Desatoro prikázaní

Rodičia pri výchove učia deti nespočetnému množstvu pravidiel; pravidlá ako „musíte si umyť ruky po tom, čo ste sa hrali vonku,“ „počas spánku sa vždy prikryte dekou,“ alebo „nikdy neprechádzajte cez cestu na červenú.“

Rodičia nebombardujú svoje deti všetkými týmito pravidlami preto, aby im sťažili život. Všetky tieto pravidlá učia deti preto, že ich milujú. Je prirodzenou túžbou rodičov chcieť deti ochrániť pred chorobami a nebezpečenstvom, držať ich v bezpečí a pomôcť im žiť v pokoji počas celého ich života. Je to rovnaký dôvod ako ten, prečo nám, jeho deťom, Boh dal Desatoro prikázaní: pretože nás miluje.

V knihe Ex 15, 26 Boh hovorí: „*Ak budeš naozaj poslúchať hlas Pána, svojho Boha, a budeš robiť to, čo je v jeho očiach správne, ak poslúchneš jeho príkazy a zachováš všetky jeho ustanovenia, nedopustím na teba nijakú chorobu, akú som dopustil na Egypťanov, lebo ja, Pán, som tvoj lekár.*"

V Lev 26, 3-5 hovorí: „*Ak sa budete správať podľa mojich ustanovení a zachovávať moje príkazy a ak ich budete aj plniť, v príhodnom čase vám zošlem dážď, zem vydá svoju úrodu a stromy na poli prinesú svoje ovocie. Mlatba sa u vás predĺži do vinobrania a oberačka hrozna potrvá do sejby. Chleba sa najete dosýta a vo svojej krajine budete bývať bezpečne.*"

Boh nám dal prikázania, aby sme sa dozvedeli, ako sa s ním stretnúť, získať od neho požehnanie a odpovede na naše modlitby, a v konečnom dôsledku žiť počas nášho života v pokoji a radosti.

Ďalším dôvodom, prečo musíme dodržiavať Božie zákony, vrátane Desatoro prikázaní, sú spravodlivé zákony duchovného sveta. Rovnako ako má každý národ vlastné zákony, aj Božie kráľovstvo má duchovné zákony, ktoré boli stanovené Bohom. Aj keď Boh stvoril vesmír a je Stvoriteľom, ktorý má absolútnu kontrolu nad životom, smrťou, kliatbou a požehnaním, nie je totalitný. To je dôvod, prečo, aj keď je tvorcom zákonov, On sám tieto zákony prísne dodržiava.

Rovnako ako dodržiavame zákony krajiny, ktorej sme občanmi, keď sme prijali Ježiša Krista za nášho Spasiteľa a stali sa Božími deťmi, a tým občanmi jeho kráľovstva, potom by sme mali oprávnene dodržiavať Božie zákony a zákony jeho kráľovstva.

V 1 Kr 2, 3 je napísané: „*Zachovávaj povinnosti voči svojmu Bohu, Pánovi. Kráčaj po jeho cestách a dodržiavaj jeho ustanovenia, prikázania, právne predpisy a napomenutia tak, ako sú napísané v Mojžišovom zákone, potom budeš mať úspech v každom diele a všade, kam sa pohneš.*"

Dodržiavanie Božích zákonov znamená zachovávať Božie slová, vrátane Desatora prikázaní, ktoré sú zaznamenané v Biblii. Keď tieto zákony dodržiavate, môžete získať Božiu ochranu a požehnanie a prosperovať, nech už ste kdekoľvek.

Naopak, ak porušíte Božie zákony, nepriateľ satan má právo priniesť na vás pokušenie a ťažkosti, a tak vás Boh nemôže ochrániť. Porušiť Božie prikázania je hriech, a preto to znamená stať sa otrokom hriechu a satana, ktorý vás nakoniec dovedie do pekla.

Boh nás chce požehnať

Preto hlavný dôvod toho, prečo nám Boh dal Desatoro

prikázaní, je to, že nás miluje a chce nás požehnať. Chce nielen to, aby sme zažili večné požehnanie v nebi, ale tiež to, aby sme získali jeho požehnanie aj tu na zemi a prosperovali vo všetkom, čo robíme. Keď si uvedomíme túto Božiu lásku, môžeme byť Bohu len vďační za to, že nám dal prikázania a s radosťou jeho príkazy dodržiavať.

Môžeme vidieť, že keď si deti skutočne uvedomia, ako veľmi ich rodičia milujú, budú sa snažiť rodičov poslúchať. Aj keď sa im nepodarí rodičov poslúchnuť a sú potrestaní, pretože chápu, že ich rodičia konajú z lásky, môžu povedať: „Mami / oci, nabudúce sa polepším," a láskyplne sa vrhnú do náručia rodičov. A ako dospievajú a hlbšie chápu rodičovskú lásku a starosť o ne, budú konať podľa učenia ich rodičov, aby im urobili radosť.

Pravá láska rodičov je to, čo dáva týmto deťom moc poslúchať. Je to rovnaké, ako dodržiavanie všetkých Božích slov, ktoré sú zaznamenané v Biblii. Ľudia sa zo všetkých síl snažia dodržiavať prikázania, akonáhle pochopia, že Boh nás tak veľmi miloval, že poslal jeho jediného Syna Ježiša Krista na tento sveta, aby zomrel za nás na kríži.

V skutočnosti, čím viac veríme v to, že Ježiš Kristus, ktorý bol bezhriešny, trpel všetkými druhmi prenasledovaní, keď zomrel na kríži za naše hriechy, tým väčšiu radosť máme, keď tieto prikázania dodržiavame.

Požehnanie, ktoré dostávame, keď dodržiavame jeho prikázania

Naši predkovia viery, ktorí poslúchali každé Božie slovo a žili presne podľa jeho prikázaní, dostali veľké požehnanie a velebili Boha Otca celým ich srdcom. A dnes nás osvecujú večným svetlom pravdy, ktoré nikdy neuhasína.

Abrahám, Daniel a apoštol Pavol patrili medzi týchto ľudí viery. A aj dnes sú medzi nami ľudia viery, ktorí pokračujú v tom, čo robili títo ľudia.

Napríklad, šestnásty prezident Spojených štátov, Abrahám Lincoln, mal len deväť mesiacov školskej dochádzky, ale v dôsledku jeho chvályhodného charakteru a cnosti je milovaný a rešpektovaný mnohými ľuďmi aj dnes. Abrahámova matka, Nancy Hanksová Lincolnová, zomrela, keď mal Lincoln len deväť rokov, ale počas jej života ho naučila pamätať si krátke verše z Biblie a dodržiavať Božie prikázania.

A keď už vedela, že zomrie, zavolala si svojho syna a odovzdala mu tieto posledné slová: „Chcem, aby si miloval Boha a dodržiaval jeho prikázania." A keď Abrahám Lincoln dospel, stal sa slávnym politikom a zmenil históriu jeho skutkom zrušenia otroctva, šesťdesiatšesť kníh Biblie boli vždy po jeho boku. Ľuďom ako Lincoln, ktorí zostávajú blízko Boha a dodržiavajú jeho slová, Boh vždy ponúkne dôkaz jeho lásky.

Onedlho na to, ako som založil našu cirkev, navštívil som

pár, ktorí boli manželmi už mnoho rokov, ale nemohli mať deti. Vedený Duchom Svätým som viedol uctievanie a požehnal som tento pár. Potom som ich o niečo požiadal. Požiadal som ich, aby dodržiavali deň odpočinku svätý uctievaním Boha každú nedeľu, dávali desiatky a zachovávali Desatoro prikázaní.

Tento novoveriaci pár začal navštevovať bohoslužby každú nedeľu a dávať desiatky podľa Božích prikázaní. Ako výsledok získali požehnanie mať potomka a narodili sa im zdravé deti. A okrem toho, tiež získali veľké finančné požehnanie. Teraz manžel slúži v kostole ako starší a celá rodina sú veľkými priaznivcami pomoci iným a evanjelizácie.

Dodržiavanie Božích príkazov je ako držanie lampy v úplnej tme. Keď máme jasnú lampu, nemusíme sa báť, že o niečo v tme zakopneme. Podobne, keď Boh, ktorý je svetlo, je s nami, chráni nás za všetkých okolností a môžeme sa tešiť z požehnaní a moci, ktorá je vyhradená pre všetky Božie deti.

Kľúč k získaniu všetkého, o čo prosíte

V 1 Jn 3, 21-22 je napísané: „*Milovaní, ak nás srdce neobviňuje, máme istotu v Bohu a o čokoľvek prosíme, dostaneme od neho, lebo zachovávame jeho prikázania a robíme, čo sa mu páči.*"

Nie je úžasné vedieť, že ak len budeme dodržiavať príkazy napísané v Biblii a konať to, čo sa páči Bohu, môžeme ho smelo o čokoľvek prosiť a On nám odpovie? Aký šťastný musí byť Boh, ktorý bdie nad jeho poslušnými deťmi jeho ohnivými očami a odpovedá na každú ich modlitbu v súlade so zákonmi duchovného sveta!

To je dôvod, prečo je Desatoro Božích prikázaní ako učebnica lásky, ktorá nás učí najlepší spôsob získania Božieho požehnania počas našej kultivácie na tejto zemi. Prikázania nás učia, ako sa môžeme vyhnúť nešťastiam alebo katastrofám, a ako môžeme získať požehnanie.

Boh nám nedal prikázania preto, aby potrestal tých, ktorí ich nedodržiavajú, ale preto, aby sme sa tešili z večného požehnania v jeho krásnom nebeskom kráľovstve skrze našu poslušnosť k jeho prikázaniam (1 Tim 2, 4). Keď začnete cítiť a chápať Božie srdce a žiť podľa jeho prikázaní, môžete získať ešte viac jeho lásky.

Okrem toho, keď budete podrobnejšie študovať každé prikázanie, a keď budete každé prikázanie úplne dodržiavať silou, ktorú vám láskyplne dá Boh, budete môcť získať všetky požehnania, ktoré od neho chcete získať.

Kapitola 2

„Nebudeš mať iných bohov okrem mňa"

Ex 20, 1-3

„Boh hovoril všetky tieto slová: ‚Ja som Pán, tvoj Boh, ktorý som ťa vyviedol z Egypta, z domu otrokov. Nebudeš mať iných bohov okrem mňa!'"

Dvaja ľudia, ktorí sa navzájom milujú, cítia radosť už len z toho, že sú spolu. To je dôvod, prečo dvom zaľúbeným nie je zima ani vtedy, keď spolu trávia čas v polovici zimy, a to je dôvod, prečo dokážu robiť to, čo si ten druhý praje, bez ohľadu na to, aká ťažká je úloha, ak to urobí toho druhého šťastným. Aj v prípade, že musia za toho druhého obetovať samých seba, sú šťastní, že môžu pre toho druhého niečo urobiť a sú šťastní, keď vidia radosť na tvári toho druhého.

Je to podobné našej láske k Bohu. Ak Boha skutočne milujeme, potom dodržiavanie jeho prikázaní by nemalo byť ťažké; skôr naopak, malo by nám to priniesť radosť.

Desatoro prikázaní, ktoré by Božie deti mali dodržiavať

Dnes sa niektorí ľudia, ktorí o sebe hovoria, že sú veriaci, pýtajú: „Ako môžeme dodržiavať všetkých Desatoro prikázaní?" V podstate hovoria to, že keďže ľudia nie sú dokonalí, neexistuje spôsob, ako môžeme dodržiavať všetkých Desatoro prikázaní. Môžeme sa iba pokúsiť všetky prikázania dodržiavať.

Ale v 1 Jn 5, 3 je napísané: „*Lebo láska k Bohu je v tom, že zachovávame jeho prikázania; a jeho prikázania nie sú ťažké.*" To znamená, že dôkaz toho, že milujeme Boha, je naša poslušnosť voči jeho prikázaniam a jeho príkazy nie sú také ťažké, aby sme ich nedokázali dodržiavať.

V starozákonných časoch ľudia museli dodržiavať príkazy ich vlastnou vôľou a silou, ale teraz v novozákonnej dobe každý, kto príjme Ježiša Krista za svojho Spasiteľa, dostáva dar Ducha Svätého, ktorý mu pomáha prikázania zachovávať.

Duch Svätý je jedno s Bohom, a ako Božie srdce má Duch Svätý úlohu pomáhať Božím deťom. To je dôvod, prečo sa Duch Svätý niekedy za nás prihovára, potešuje nás, vedie naše skutky a vylieva na nás Božiu lásku, aby sme mohli bojovať proti hriechu, dokonca až po krvipreliatie, a konali v súlade s Božou vôľou (Sk 9, 31; 20, 28; Rim 5, 5; 8, 26).

Keď dostaneme túto silu od Ducha Svätého, môžeme hlbšie pochopiť lásku Boha, ktorý nám dal jeho jediného Syna, a potom môžeme s ľahkosťou dodržiavať to, čo sme nedokázali dodržiavať vlastnou vôľou a silou. Existujú ľudia, ktorí aj naďalej hovoria, že je ťažké dodržiavať Božie prikázania, a ani sa ich nesnažia zachovávať. A aj naďalej žijú v hriechu. Títo ľudia nemilujú Boha skutočne z hĺbky ich srdca.

V 1 Jn 1, 6 je napísané: *„Ak hovoríme, že s ním máme spoločenstvo, ale chodíme v tme, klameme a nekonáme, čo je pravda"* a 1 Jn 2, 4 hovorí: *„Kto hovorí: ‚Poznám ho‘, ale nezachováva jeho prikázania, je klamár a niet v ňom pravdy."*

Ak je v človeku Božie slovo, ktoré je pravda a semeno života, nemôže páchať hriechy. Bude vedený žiť v pravde. Preto, ak niekto tvrdí, že verí v Boha, ale nedodržiava jeho prikázania, znamená to, že v skutočnosti v ňom nie je pravda a pred Bohom klame.

Ktoré z týchto prikázaní je prvým prikázaním, ktoré musia Božie deti dodržiavať, aby dokázali ich lásku k nemu?

„Nebudeš mať iných bohov okrem mňa"

Zamlčané „ty" tu odkazuje na Mojžiša, ktorý do vlastných rúk dostal od Boha Desatoro prikázaní, na Izraelitov, ktorí dostali prikázanie skrze Mojžiša, a na všetky Božie deti dnes, ktoré sú spasené v Pánovom mene. Prečo podľa vás Boh ako prvé prikazuje jeho ľuďom, aby nemali okrem neho žiadnych iných bohov?

Je to preto, že iba Boh je pravý a jediný živý Boh, všemocný Stvoriteľ vesmíru. Zároveň, len Boh má zvrchovanú kontrolu nad vesmírom, históriou ľudstva, životom a smrťou a dáva človeku pravý a večný život.

Boh je ten, kto nás zachránil z nášho otroctva hriechu na tomto svete. To je dôvod, prečo okrem jedného a jediného Boha nesmieme mať v našich srdciach žiadnych iných bohov.

Ale mnoho pochabých ľudí sa od Boha vzdiaľuje a trávi ich život uctievaním mnohých falošných modiel. Niektorí uctievajú obraz Budhu, ktorý nemôže ani žmurknúť, niektorí uctievajú kamene, iní uctievajú staré stromy a ďalší sa dokonca otáčajú smerom k severnému pólu a uctievajú ten.

Niektorí ľudia uctievajú prírodu a vykrikujú mená mnohých falošných bohov uctievaním mŕtvych ľudí. Každá rasa a každý národ má vlastné množstvo modiel. Len v Japonsku hovoria, že majú tak veľa modiel, pretože majú osem miliónov rôznych bohov.

Tak prečo si myslíte, že si ľudia vytvárajú všetky tieto falošné modly a klaňajú sa im? Je to preto, že hľadajú spôsob, ako utešiť samých seba alebo len nasledujú staré zvyky svojich predkov, ktoré nie sú správne. Alebo môžu mať tiež sebeckú túžbu získať viac požehnania alebo viac bohatstva uctievaním mnohých rôznych bohov.

Ale jedna vec, v ktorej treba mať jasno, je to, že okrem Boha Stvoriteľa žiadny iný boh nemá moc dať nám požehnanie, nieto aby nás zachránil.

Dôkazy v prospech Boha Stvoriteľa

V Rim 1, 20 je napísané: *„Lebo jeho neviditeľnú skutočnosť, jeho večnú moc a božstvo možno od stvorenia sveta poznávať uvažovaním zo stvorených vecí. A tak nemajú ospravedlnenie.“* Ak sa pozrieme na princípy vesmíru, môžeme vidieť, že absolútny

Stvoriteľ existuje, a že je len jeden Boh Stvoriteľ.

Napríklad, keď sa pozrieme na ľudskú rasu na tejto zemi, telá všetkých ľudí majú rovnakú štruktúru a funkciu. Či už je človek čierny alebo biely, a bez ohľadu na to, akej je rasy alebo to, z akej krajiny pochádza, každý má dve oči, dve uši, jeden nos a jedny ústa, ktoré sú na tvári umiestnené na približne rovnakom mieste. Okrem toho, je to rovnaké aj u zvierat.

Slony sú zvieratá s dlhými nosmi. Ale všimnite si, že majú jeden dlhý nos a dve nosné dierky. Králiky s dlhými ušami a divoké levy tiež majú rovnaký počet očí, úst a uší, ktoré sa nachádzajú v rovnakej oblasti ako u ľudí. Nespočetné množstvo živých organizmov, ako sú zvieratá, ryby, vtáky, a dokonca aj hmyz – okrem špecifických vlastností, ktoré ich od seba odlišujú – majú rovnakú telesnú štruktúru a funkciu. To dokazuje, že je len jeden stvoriteľ.

Prírodné javy tiež jasne dokazujú existenciu Boha Stvoriteľa. Raz denne sa Zem otočí okolo svojej osi, raz za rok sa Zem otočí okolo Slnka a raz za mesiac sa Mesiac otočí okolo Zeme. Vďaka týmto rotáciam môžeme zažívať množstvo prírodných javov v pravidelných intervaloch. Máme noc a deň a štyri rôzne ročné obdobia. Máme príliv a odliv a kvôli teplotným zmenám zažívame prúdenie v atmosfére.

Umiestnenie a pohyb Zeme robí túto planétu ideálnym miestom pre prežitie ľudstva a všetkých ostatných živých organizmov. Vzdialenosť medzi Slnkom a Zemou nemôže byť ani kratšia, ani dlhšia. Vzdialenosť medzi Slnkom a Zemou bola vždy najdokonalejšou vzdialenosťou od počiatku vekov a rotácia Zeme okolo Slnka sa opakuje bez akejkoľvek chybičky už veľmi dlhú dobu.

Vzhľadom k tomu, že vesmír bol stvorený Bohom a funguje na základe jeho múdrosti, každý deň sa uskutoční mnoho nepredstaviteľných vecí, ktoré ľudia nedokážu nikdy úplne pochopiť.

So všetkými týmito jasnými dôkazmi sa nikto nemôže v posledný súdny deň vyhovárať: „Nemohol som uveriť, pretože som nevedel, že Boh skutočne existuje."

Jedného dňa sir Isaac Newton požiadal skúseného mechanika postaviť sofistikovaný model slnečnej sústavy. Jeho neveriaci priateľ ho raz prišiel navštíviť a uvidel model slnečnej sústavy. Bez veľkého premýšľania otočil kľučkou a stala sa úžasná vec. Každá planéta na modeli sa začala točiť okolo Slnka rôznou rýchlosťou!

Priateľ nedokázal skryť úžas a prekvapivo povedal: „To je naozaj vynikajúci model! Kto ho postavil?" Čo si myslíte, že Newton odpovedal? Povedal: „Och, nikto ho nepostavil. Jednoducho takto vznikol náhodou."

Priateľ mal pocit, že si z neho Newton robil žarty a odsekol: „Čože?! Myslíš si, že som blázon? Ako sa môže taký zložitý model len tak z ničoho nič objaviť?"

Na to mu Newton odpovedal: „To je len malý model skutočnej slnečnej sústavy. Ty tvrdíš, že ani takýto jednoduchý model nemôže vzniknúť bez návrhára či výrobcu. Ako potom vysvetlíš niekomu, kto verí, že skutočná slnečná sústava, ktorá je oveľa zložitejšia a ohromnejšia, jednoducho vznikla bez stvoriteľa?"

Newton napísal vo svojej knihe *The philosophiae Naturalis Principia Mathematica,* čo znamená „Matematické základy prírodnej filozofie" a často sa nazýva Principia, nasledujúce slová: „Tento najkrajší systém slnka, planét a komét mohol vzniknúť len z múdrosti a zvrchovanosti inteligentného a silného Bytia. ...On [Boh] je večný a nekonečný."

To je dôvod, prečo je veľké množstvo vedcov, ktorí študujú zákony prírody, kresťanmi. Čím viac študujú prírodu a vesmír, tým viac objavujú všemohúcu moc Boha.

Navyše, prostredníctvom zázrakov a znamení, ktoré sa dejú a zjavujú veriacim, skrze Božích služobníkov a pracovníkov, ktorí sú Bohom milovaní a uznaní a skrze históriu človeka, ktorý splnil proroctvo v Biblii, Boh nám ponúka mnoho dôkazov, aby sme mohli uveriť v neho, živého Boha.

Tí, ktorí spoznali Boha Stvoriteľa bez toho, aby počuli evanjelium

Ak sa pozriete na históriu ľudstva, môžete vidieť, že ľudia s dobrým srdcom, ktorí ani raz nepočuli evanjelium, spoznali, že je len jeden a jediný Boh Stvoriteľ a snažili sa žiť v spravodlivosti.

Ľudia nečistého a zmäteného srdca uctievali pre vlastnú útechu veľa rôznych bohov. Na druhej strane, ľudia priameho a čistého srdca sa klaňali a slúžili len jednému Bohu, Stvoriteľovi, aj keď ho nepoznali.

Napríklad, admirál Sun Shin Yi, ktorý žil v Kórei počas dynastie Chosun, slúžil svojej krajine, kráľovi a jeho ľudu celým svojím životom. Ctil si svojich rodičov a po celý jeho život sa nikdy nesnažil o vlastný prospech, ale stále sa obetoval pre ostatných. Hoci nevedel o Bohu a našom Pánovi Ježišovi, neuctieval šamanov, démonov alebo zlých duchov, ale s dobrým svedomím len vzhliadal k nebu a veril v jedného stvoriteľa.

Títo dobrí ľudia sa nikdy nenaučili Božie slovo, ale môžete vidieť, že sa vždy snažili viesť čisté a pravdivé životy. Aj týmto ľuďom Boh otvoril cestu spásy cez niečo, čo sa nazýva „rozsudok svedomia." To je Boží spôsob, ako dať spásu tým ľuďom zo starozákonnej doby alebo ľuďom po dobe príchodu Ježiša Krista, ktorí nikdy nemali možnosť počuť evanjelium.

V Rim 2, 14-15 je napísané: *„Keď teda pohania, ktorí*

nemajú zákon, od prírody konajú, čo žiada zákon, aj keď nemajú zákon, sami sú si zákonom. Dávajú najavo, že to, čo žiada zákon, zapísané je v ich srdciach. Súčasne o tom vydáva svedectvo ich svedomie a ich myšlienky sa navzájom obviňujú alebo obraňujú.“

Keď ľudia s dobrým svedomím počujú evanjelium, veľmi ľahko prijímajú Pána do svojich sŕdc. Boh dovolil, aby tieto duše dočasne zostali v „hornom podsvetí“, aby mohli vstúpiť do neba.

Keď sa život človeka skončí, jeho duch opustí jeho fyzické telo. Duch dočasne zostáva na mieste zvanom „podsvetie.“ Podsvetie je dočasné miesto, kde sa duše učia prispôsobiť duchovnému svetu pred ich odchodom na večnosť. Toto miesto sa delí na „horné podsvetie“, kde čakajú spasení ľudia, a „dolné podsvetie“, kde v mukách čakajú nespasené duše (Gn 37, 35; Jób 7, 9; Nm 16, 33, Lk 16).

Ale v Sk 4, 12 je napísané: *„A v nikom inom niet spásy, lebo pod nebom niet iného mena, daného ľuďom, v ktorom by sme mali byť spasení.“* Preto, aby sa zabezpečilo, že duše v hornom podsvetí mali možnosť počuť evanjelium, Ježiš išiel do horného podsvetia zvestovať im evanjelium.

Písmo potvrdzuje túto skutočnosť. 1 Pt 3, 18-19 hovorí: *„Veď aj Kristus trpel raz navždy za hriechy, spravodlivý za nespravodlivých, aby vás priviedol k Bohu. Bol usmrtený v tele, ale oživený v Duchu. V ňom šiel kázať aj duchom vo* *väzení."* Tieto „dobré" duše v hornom podsvetí spoznali Ježiša, prijali evanjelium a boli spasené.

Takže ľuďom, ktorí žili s dobrým svedomím a verili v jedného Stvoriteľa, či už žili v časoch Starého zákona, alebo nikdy nepočuli o evanjeliu alebo zákonoch, Boh spravodlivosti sa pozrel do hĺbky ich sŕdc a otvoril im dvere spásy.

Prečo Boh prikázal jeho ľuďom, aby nemali iných bohov okrem neho

Z času na čas neveriaci povedia: „Kresťanstvo požaduje, aby ľudia verili v jediného Boha. Nerobí to náboženstvo príliš nepružným a exkluzívnym?"

Existujú tiež ľudia, ktorí samých seba nazývajú veriacimi, ale sú závislí na veštení z dlane, čarodejníctve, kúzlach a talizmanoch.

Boh nám konkrétne povedal, aby sme v tejto oblasti nerobili žiadne kompromisy. Povedal: „Nebudeš mať iných bohov okrem mňa." To znamená, že nikdy sa nesmieme spojiť s falošnými modlami alebo inými Božími stvoreniami ani ich žehnať. Ani ich v žiadnom prípade nesmieme urobiť rovnými Bohu.

Existuje len jeden Stvoriteľ, ktorý nás stvoril, a iba on nás môže požehnať a iba On nám môže dať život. Falošní bohovia a modly, ktorých ľudia uctievajú, v konečnom dôsledku pochádzajú od nepriateľa diabla. Sú nepriateľmi Boha.

Nepriateľ diabol sa snaží zmiasť ľudí, aby zblúdili od Boha. Uctievaním vecí, ktoré sú nepravdivé, začnú uctievať satana a kráčajú smerom k vlastnému pádu.

To je dôvod, prečo ľudia, ktorí tvrdia, že veria v Boha, ale aj naďalej v srdciach uctievajú falošné modly, sú aj naďalej vedení nepriateľom diablom. Z tohto dôvodu aj naďalej trpia v bolesti, smútku, chorobách, ochoreniach a súžení.

Boh je láska a On nechce, aby jeho ľud uctieval falošné modly a kráčal smerom k večnej smrti. To je dôvod, prečo nám prikazuje, aby sme okrem neho nemali iných bohov. Uctievaním jeho jediného môžeme mať večný život, a tiež môžeme od neho získať bohaté požehnanie počas života na tejto zemi.

Požehnanie musíme získať verným spoliehaním sa na samotného Boha

V 1 Krn 16, 26 je napísané: „*Všetci pohanskí bohovia sú len modly, Pán však stvoril nebesia.*" Ak by Boh nikdy nepovedal: „Nebudeš mať iných bohov okrem mňa," potom nerozhodní ľudia, alebo dokonca niektorí veriaci, môžu nevedomky skončiť uctievaním falošných modiel a kráčať smerom k večnej smrti.

Môžeme to vidieť už len v histórii samotných Izraelitov.

Izraeliti sa spomedzi všetkých ostatných ľudí dozvedeli o jednom a jedinom Stvoriteľovi vesmíru a nespočetne veľakrát zažili jeho moc. Ale postupom času sa od Boha vzdialili a začali uctievať iných bohov a modly.

Mysleli si, že modly pohanov vyzerali dobre, a tak začali uctievať tieto modly popri uctievaní Boha. Ako výsledok, zažili všetky druhy pokušení, súženia a trápenia, ktoré na nich priviedol nepriateľ diabol a satan. Až keď už dlhšie nedokázali vydržať bolesť a ťažkosti, konali pokánie a vrátili sa k Bohu.

Dôvodom, prečo Boh, ktorý je láska, im znova a znova odpustil a zachránil ich od ich starostí, bolo to, že nechcel, aby zažili večnú smrť v dôsledku uctievania falošných modiel.

Boh nám neustále ponúka dôkaz, že On je Stvoriteľ, živý Boh, aby sme mohli uctievať iba jeho samotného. On nás zachránil od hriechu skrze jeho jednorodeného Syna, Ježiša Krista, a sľúbil nám večný život a dal nám nádej života vo večnom nebi.

Boh nám pomáha pochopiť a veriť, že On je živý Boh tým, že nám poskytuje zázraky, znamenia a divy skrze jeho ľudí a skrze šesťdesiatšesť kníh Biblie a históriu ľudstva.

V dôsledku toho musíme verne uctievať Boha, Stvoriteľa vesmíru, ktorý má kontrolu nad všetkým v ňom. Ako jeho deti musíme v hojnosti prinášať dobré ovocie tým, že sa budeme spoliehať len na neho.

Kapitola 3

Druhé prikázanie

„Neurobíš si modlu a nebudeš ju uctievať"

Ex 20, 4-6

„Neurobíš si modlu ani nijakú podobu toho, čo je hore na nebi, dolu na zemi alebo vo vode pod zemou! Nebudeš sa im klaňať ani im slúžiť, lebo ja som Pán, tvoj Boh, Boh žiarlivý, ktorý trestá viny otcov na synoch do tretieho i štvrtého pokolenia tých, čo ma nenávidia, ale milosť preukazujem tisícom tých, čo ma milujú a zachovávajú moje prikázania.“

„Pán za mňa zomrel na kríži. Ako by som mohol zaprieť Pána kvôli strachu zo smrti? Radšej by som desaťkrát za Pána zomrel, ako ho zradil a žil sto, alebo dokonca tisíc nezmyselných rokov. Mám len jednu povinnosť. Prosím, pomôž mi prekonať moc smrti, aby som Pána nezahanbil tým, že si ušetrím vlastný život.“

Toto je vyznanie reverenda Ki-Chul Chua, ktorý bol umučený potom, čo sa odmietol pokloniť v japonskej svätyni. Jeho príbeh sa nachádza v knihe *Slávne víťazíme: Príbeh mučeníctva reverenda Ki-Chul Chua*. Bez strachu z meča alebo pištolí reverend Ki-Chul Chu dal vlastný život za dodržanie Božieho príkazu neklaňať sa žiadnym modlám.

„Neurobíš si modlu a nebudeš ju uctievať“

Ako kresťania máme povinnosť milovať a uctievať Boha a iba Boha. To je dôvod, prečo nám Boh dal ako prvé prikázanie toto prikázanie: „Nebudeš mať iných bohov okrem mňa.“ A potom, aby prísne zakázal uctievanie modiel, ako druhé prikázanie nám dal prikázanie: „Neurobíš si modlu. Nebudeš ju uctievať ani jej slúžiť.“

Na prvý pohľad si môžete myslieť, že prvé a druhé prikázanie je rovnaké. Ale sú to samostatné prikázania, pretože majú odlišný duchovný význam. Prvé prikázanie je varovaním pred mnohobožstvom a hovorí nám uctievať a milovať len jediného pravého Boha.

Druhé prikázanie je poučením pred uctievaním falošných modiel, a je tiež vysvetlením požehnaní, ktoré dostanete, keď uctievate a milujete Boha. Poďme sa bližšie pozrieť na to, čo znamená slovo „modla.“

Fyzická definícia slova „modla“

Slovo „modla“ možno vysvetliť dvoma spôsobmi: fyzická modla a duchovná modla. Po prvé, vo fyzickom slova zmysle je „modla“ „obraz alebo materiálny objekt vytvorený na znázornenie boha, ktorý nemá fyzický tvar, ktorému by mohlo byť uctievanie venované.“

Inými slovami, modla môže byť čokoľvek: strom, skala, obraz človeka, cicavce, hmyz, vtáky, morské tvory, slnko, mesiac, hviezdy na nebi alebo niečo, čo vzniklo z ľudskej predstavivosti, čo človek môže vyrobiť z ocele, striebra, zlata alebo čokoľvek iné, čo existuje, čomu človek môže vzdávať úctu a uctievať to. Ale modla vytvorená človekom nemá život, takže vám nemôže odpovedať ani vás požehnať. Aké je to pochabé a smiešne, ak ľudia, ktorí boli stvorení na Boží obraz, vlastnými rukami vytvoria ďalší obraz, klaňajú sa mu a prosia ho o požehnanie.

Iz 46, 6-7 hovorí: „*Tí, čo sypú zlato z mešca a na váhe vážia striebro, najmú zlievača a on z toho urobí boha. Koria sa mu a klaňajú. Zdvihnú ho na plece a budú ho niesť. Keď ho zložia, zostane stáť a nepohne sa z miesta. Ak niekto k nemu volá, neodpovedá, z jeho úzkosti ho nevyslobodí.*"

Toto Slovo neodkazuje len na vytvorenie modly a jej uctievanie; ale tiež odkazuje na vieru v kúzla proti nešťastiu alebo vykonávanie obetných obradov klaňania sa mŕtvym. Aj viera ľudí v povery a praktizovanie čarodejníctva spadá do tejto kategórie. Ľudia si myslia, že kúzla zaháňajú ťažkosti a prinášajú šťastie, ale to nie je pravda. Duchovne bystrí ľudia môžu vidieť, že temní, zlí duchovia sú v skutočnosti priťahovaní na miesta, kde sú kúzla a modly, a nakoniec prinášajú nešťastie a utrpenie na tých ľudí, ktorí ich vlastnia. Okrem živého Boha neexistuje žiadny iný boh, ktorý môže dať ľuďom pravé požehnanie. Ostatní bohovia sú v skutočnosti zdrojom nešťastia a prekliatí.

Tak prečo si ľudia vytvárajú modly a uctievajú ich? Je to preto, že ľudia majú tendenciu sa chcieť uspokojiť vecami, ktoré môžu fyzicky vidieť, cítiť a dotknúť sa ich.

Toto ľudské zmýšľanie môžeme vidieť na Izraelitoch, keď odišli z Egypta. Keď volali k Bohu v ich bolestiach a námahe počas štyristoročného otroctva, Boh ustanovil Mojžiša za vodcu ich exodusu z Egypta a zjavil im všetky druhy znamení a zázrakov, aby v neho mohli veriť.

Keď ich faraón odmietol nechať odísť, Boh zoslal na Egypt desať rán. A keď Izraelitom stálo v ceste Červené more, Boh ho rozdelil na dve polovice. Dokonca aj po tom, čo zažili tieto zázraky, zatiaľ čo bol Mojžiš na vrchu štyridsať dní, aby prijal Desatoro prikázaní, jeho ľud stratil trpezlivosť, vytvoril si modlu a klaňal sa jej. Vzhľadom k tomu, že nemali na očiach Božieho služobníka Mojžiša, chceli vytvoriť niečo ich očiam viditeľné, a čo by mohli uctievať. Vyrobili si zlaté teľa a nazvali ho bohom, ktorý ich doviedol až takto ďaleko. Dokonca mu prinášali obety, pili, jedli a tancovali pred ním. Tento incident spôsobil, že Izraeliti zažili veľký Boží hnev.

Pretože Boh je duch, ľudia ho nemôžu vidieť ich fyzickými očami alebo vytvoriť fyzický tvar, ktorý by ho znázorňoval. To je dôvod, prečo by sme nemali nikdy vytvoriť modlu a nazývať ju „bohom." A nikdy by sme ju nemali uctievať.

V Dt 4, 23 je napísané: *„Dávajte si pozor, aby ste nezabudli na zmluvu Pána, vášho Boha, ktorú uzavrel s vami, aby ste si neurobili nijakú podobu modly, čo ti zakázal Pán, tvoj Boh."* Uctievať nejaké mŕtve, bezmocné modly namiesto Boha, pravého Stvoriteľa, spôsobuje ľuďom viac škody ako úžitku.

Príklady modloslužobníctva

Niektorí veriaci môžu padnúť do pasce modloslužobníctva

bez toho, aby o tom vedeli. Napríklad, niektorí ľudia sa môžu klaňať obrazu Ježiša, soche Panny Márie alebo nejakému inému predchodcovi viery.

Veľké množstvo ľudí si neuvedomí, že je to modloslužobníctvo, ale aj to je forma modloslužobníctva, ktoré Boh nemá rád. Uvediem dobrý príklad: mnohí ľudia nazývajú Pannu Máriu „Božou Matkou", ale ak si preštudujete Bibliu, uvidíte, že je to očividne nesprávne.

Ježiš bol počatý Duchom Svätým, nie spermiou a vajíčkom muža a ženy. Preto nemôžeme nazývať Pannu Máriu „matkou." Napríklad, dnešné technológie umožňujú lekárom umiestniť mužské spermie a ženské vajíčka do prístroja, ktorý vykoná umelé oplodnenie. To neznamená, že by sme mali tento prístroj nazývať „matkou" dieťaťa, ktoré sa týmto procesom narodilo.

Ježiš, ktorý je jednej podstaty s Bohom Otcom, bol počatý z Ducha Svätého a narodil sa skrze telo Panny Márie, aby mohol na tento svet prísť vo fyzickom tele. To je dôvod, prečo Ježiš nazýva Pannu Máriu „ženou", nie „matkou" (Jn 2, 4; 19, 26). Keď je v Biblii Mária nazývaná Pánovou „matkou", je to len preto, že je to napísané z pohľadu učeníkov, ktorí Bibliu napísali.

Tesne pred smrťou Ježiš povedal Jánovi: „Hľa, tvoja matka!", odkazujúc na Máriu. Tu Ježiš žiadal Jána postarať sa o Máriu ako o vlastnú matku (Jn 19, 27). Ježiš vyslovil túto požiadavku preto, aby utešil Máriu, keďže chápal žiaľ v jej srdci, pretože mu slúžila od okamihu, keď bol počatý z Ducha Svätého, až do okamihu, keď dosiahol plnú zrelosť Božej moci a nebol už na nej závislý.

A preto nie je správne klaňať sa soche Panny Márie.

Pred pár rokmi, keď som bol na návšteve v krajine na Strednom východe, vplyvný človek ma pozval k sebe domov a počas nášho rozhovoru mi ukázal zaujímavo vyzerajúci koberec. Bol to vzácny, ručne tkaný koberec, ktorý trvalo vyrobiť roky. Bol na ňom obraz čierneho Ježiša. Z tohto príkladu môžeme vidieť, že aj obraz Ježiša je nekonzistentný, podľa toho, kto je umelec alebo sochár. Preto, ak by sme sa mali klaňať tomuto obrazu alebo modliť sa k nemu, spáchali by sme hriech modloslužobníctva, čo je neprijateľné.

Čo je považované za „modlu" a čo nie je?

Z času na čas sa objavia takí ľudia, ktorí sú príliš opatrní a tvrdia, že „kríž" v kostoloch je druhom modly. Avšak, kríž nie je modla. Je to symbol evanjelia, v ktoré veria kresťania. Dôvodom, prečo veriaci vzhliadajú ku krížu, je spomienka na svätú Ježišovu krv, ktorá bola preliata za hriech ľudstva a milosť Boha, ktorý nám dal evanjelium. Kríž nemôže byť predmetom uctievania ani modlou.

Je to rovnaký prípad aj s obrazmi Ježiša, na ktorých drží

baránka alebo obraz Poslednej večere, či akákoľvek socha, na ktorej chcel umelec jednoducho vyjadriť myšlienku.

Obraz Ježiša držiaceho baránka poukazuje na to, že On je dobrý pastier. Umelec nenamaľoval tento obraz preto, aby sa stal predmetom uctievania. Ale ak by ho niekto chcel uctievať alebo sa mu klaňať, stáva sa modlou.

Existujú prípady, kedy ľudia hovoria: „V starozákonných časoch Mojžiš vyrobil modlu." Odkazujú na udalosť, kedy sa Izraeliti sťažovali proti Bohu a na púšti ich postihlo uhryznutie jedovatými hadmi. Keď mnohí z nich umreli na uštipnutie jedovatými hadami, Mojžiš vyrobil bronzového hada a pripevnil ho na palicu. Tí, ktorí počúvali Božie slovo a pozreli sa na bronzového hada, prežili, a tí, ktorí sa naň nepozreli, zomreli.

Boh nepovedal Mojžišovi, aby vytvoril bronzového hada, aby ho ľudia mohli uctievať. Chcel ukázať ľuďom obraz Ježiša Krista, ktorý mal jedného dňa prísť, aby ich podľa duchovných zákonov zachránil z ich prekliatia.

Tí ľudia, ktorí poslúchli Boha a pozreli sa na bronzového hada, v dôsledku ich hriechov nezahynuli. A rovnako, ani tie duše, ktoré veria, že Ježiš Kristus zomrel na kríži za ich hriechy a príjmu ho za svojho Spasiteľa a Pána, nezahynú v dôsledku ich hriechov, ale budú mať večný život.

V 2 Kr 18, 4 je napísané, že šestnásty judský kráľ Ezechiáš

zničil všetky modly v Izraeli: „*Odstránil výšiny, rozmlátil posvätné stĺpy, zoťal posvätný kôl a rozbil bronzového hada, ktorého zhotovil Mojžiš. Až dovtedy mu totiž Izraeliti pálili tymian a nazvali ho Nechuštán.*" Toto znova pripomína ľuďom, že aj napriek tomu, že bronzový had bol vyrobený podľa Božieho príkazu, nikdy sa nemal stať predmetom modloslužobníctva, pretože to nebol Boží zámer.

Duchovný význam slova „modla"

Okrem pochopenia slova „modla" vo fyzickom slova zmysle, mali by sme ho tiež pochopiť v duchovnom zmysle. Duchovná definícia „modloslužobníctva" je „všetko, čo človek miluje viac ako Boha." Modloslužobníctvo nie je obmedzené len na klaňanie sa pred obrazom Budhu alebo zosnulými predkami.

Pokiaľ vo vlastnej sebeckej túžbe milujeme našich rodičov, manžela, manželku, alebo dokonca naše deti viac ako Boha, v duchovnom zmysle obraciame týchto našich milovaných na „modly." A keď si o sebe veľa myslíme a milujeme samých seba, stávame sa pre nás modlami.

Samozrejme to neznamená, že by sme mali milovať iba Boha a nikoho iného. Napríklad, Boh hovorí jeho deťom, že je ich povinnosťou v pravde milovať svojich rodičov. Zároveň im prikazuje: „Cti otca svojho i matku svoju." Avšak, ak nás milovanie našich rodičov privádza k bodu odchyľovania sa od pravdy, potom milujeme našich rodičov viac ako Boha, a tak ich obraciame na „modly."

Aj keď naši rodičia porodili naše fyzické telo, pretože Boh stvoril spermiu a vajíčko, alebo inak povedané semená života, Boh je Otcom našich duchov. Predpokladajme, že niektorí nekresťanskí rodičia nesúhlasia s tým, aby ich dieťa chodilo v nedeľu do kostola. Ak ich dieťa, ktoré je kresťanom, nepôjde do kostola, aby rodičov potešilo, potom dieťa miluje rodičov viac ako Boha. Toto nielen zarmucuje Božie srdce, ale tiež to znamená, že dieťa nemiluje rodičov skutočne.

Ak niekoho skutočne milujete, budete chcieť, aby bol ten človek spasený a získal večný život. Toto je pravá láska. Preto v prvom rade by ste mali zachovávať Pánov deň svätý, a potom by ste sa mali modliť za svojich rodičov, a čo najskôr im hlásať evanjelium. Až potom môžete povedať, že ich skutočne milujete a ctíte si ich.

A platí to aj naopak. Ak ako rodič skutočne milujete svoje deti, mali by ste ako prvé milovať Boha, a až potom milovať svoje deti v Božej láske. Bez ohľadu na to, aké drahé sú vám vaše deti, nemôžete ich ochrániť pred nepriateľom diablom a satanom svojou vlastnou obmedzenou ľudskou silou. Nemôžete ich ani ochrániť pred náhlymi nehodami, ani vyliečiť z chorôb, ktoré moderná medicína nepozná.

Ale keď rodičia uctievajú Boha, zveria svoje deti do Božích

rúk a milujú ich v Božej láske, Boh bude ich deti chrániť. Dá im nielen duchovnú a fyzickú silu, ale ich aj požehná, aby boli úspešné vo všetkých oblastiach ich života.

To isté platí aj o láske medzi manželmi. Pár, ktorý nepozná pravú Božiu lásku, môže sa navzájom milovať len telesnou láskou. Budú sa usilovať o vlastný prospech, a tak sa budú hádať. A postupom časom sa ich vzájomná láska môže dokonca zmeniť.

Avšak, keď sa pár navzájom miluje v Božej láske, budú sa môcť navzájom milovať aj duchovnou láskou. V tomto prípade nebudú medzi nimi spory alebo urážky a nebudú sa snažiť uspokojiť vlastné sebecké túžby. Naopak, budú sa deliť o lásku, ktorá je nemenná, pravá a krásna.

Milovať niečo alebo niekoho viac ako Boha

Iba keď prebývame v Božej láske, a ako prvého milujeme Boha, môžeme milovať jeden druhého pravou láskou. To je dôvod, prečo nám Boh hovorí: „Miluj svojho Boha ako prvého," a „Nebudeš mať iných bohov okrem mňa." Ale ak po vypočutí tohto si poviete: „Išiel som do kostola a tam povedali, aby som miloval iba Boha a nemiloval členov mojej rodiny," tak ste vôbec nepochopili duchovný význam jeho prikázania.

Ak ako veriaci porušíte Božie prikázania alebo robíte kompromisy so svetom na získanie materiálneho bohatstva, slávy, poznania alebo moci, a preto sa vzdialite od pravdy, v duchovnom zmysle si vytvárate modlu.

Existujú tiež ľudia, ktorí nezachovávajú deň Pána svätý alebo nedokážu dať desiatky, pretože milujú bohatstvo viac ako Boha, a to napriek skutočnosti, že Boh sľubuje, že požehná tých, ktorí dávajú desiatky.

Častokrát tínedžeri vylepujú fotografie ich obľúbených spevákov, hercov, športovcov či inštrumentalistov na steny vo svojej izbe alebo si z ich obrázkov robia záložky, či dokonca nosia ich obrázky vo vreckách ich odevov, aby boli ich obľúbené hviezdy v blízkosti ich srdca. Toto sú chvíle, kedy tínedžeri milujú týchto ľudí viac ako Boha.

Samozrejme, že môžete milovať a rešpektovať hercov, herečky, športovcov, atď., ktorí sú veľmi dobrí v tom, čo robia. Ale ak milujete a vážite si veci sveta do tej miery, že sa vzdialite od Boha, Boh nebude mať z toho radosť. Navyše, malé deti, ktoré vkladajú celé ich srdce do niektorých hračiek alebo videohier, môžu tiež nakoniec urobiť tieto veci ich „modlami."

Božia žiarlivosť z lásky

Potom, čo nám Boh dal silné prikázanie proti modloslužbe, rozpráva nám o požehnaní pre tých, ktorí ho poslúchajú a varovaní pre tých, ktorí ho neposlúchajú.

„Nebudeš sa im klaňať ani im slúžiť, lebo ja som Pán, tvoj Boh, Boh žiarlivý, ktorý trestá viny otcov na synoch do tretieho i štvrtého pokolenia tých, čo ma nenávidia, ale milosť preukazujem tisícom tých, čo ma milujú a zachovávajú moje prikázania" (Ex 20, 5-6).

Keď Boh v piatom verši hovorí, že je „žiarlivý Boh", neznamená to, že „žiarli" rovnakým spôsobom ako ľudia. Dôvodom je to, že v skutočnosti žiarlivosť nie je súčasťou Božieho charakteru. Boh tu používa slovo „žiarlivý" preto, aby bolo pre nás jednoduchšie tomu porozumieť na základe našich vlastných ľudských pocitov. Žiarlivosť, ktorú pociťujú ľudia, pochádza z tela, je nečistá a nečestná a zraňuje ľudí, ktorých sa týka.

Napríklad, ak sa manželova láska k jeho manželke zmení na lásku k inej žene a manželka začne na tú druhú ženu žiarliť, náhla zmena, ktorá v manželke nastane, bude desivá. Manželka bude naplnená hnevom a nenávisťou. Bude sa s manželom hádať a vykričí jeho nedostatky všetkým známym a on môže byť na posmech. Niekedy môže manželka prísť k druhej žene a biť sa s ňou alebo podať žalobu proti svojmu manželovi. V tomto prípade, keď žena v dôsledku žiarlivosti chce, aby sa manželovi stalo niečo zlé, jej žiarlivosť nie je žiarlivosťou z lásky, ale žiarlivosťou z nenávisti.

V prípade, že žena skutočne milovala svojho manžela

duchovnou láskou, namiesto pocitu telesnej žiarlivosti sa ako prvé pozrie do seba a opýta sa: „Stojím pred Bohom priamo? Skutočne som milovala manžela a slúžila mu?" A namiesto potupy manžela tým, že každému povie o jeho nedostatkoch, bude prosiť Boha o múdrosť, ako ho priviesť späť k vernosti.

Aký druh žiarlivosti teda Boh cíti? Keď neuctievame Boha a nežijeme v pravde, Boh od nás odvracia jeho tvár, keď čelíme skúškam, súženiu a chorobám. Ak sa toto stane, spoznajúc, že choroby pochádzajú z hriechu (Jn 5, 14), veriaci musia konať pokánie a pokúsiť sa opäť nájsť Boha.

Ako pastor sa stretávam s členmi cirkvi, ktorým sa to z času na čas stáva. Napríklad, člen kostola môže byť úspešný obchodník, ktorého podnik je práve na vzostupe. S výhovorkou, že má čoraz viac práce, prestane vzhliadať k Bohu, modliť sa a vykonávať Božie dielo. Dokonca dosiahne bod, kedy vynechá nedeľné uctievanie Boha.

Ako výsledok, Boh od tohto podnikateľa odvráti jeho tvár a jeho podnik, ktorý kedysi prekvital, bude čeliť kríze. Až potom si uvedomí svoju chybu, že nežil podľa Božích príkazov a oľutuje to. Boh radšej chce, aby jeho milované deti na chvíľu čelili ťažkej situácii a pochopili jeho vôľu, boli zachránené a išli správnou cestou, ako navždy padli.

Ak by Boh necítil túto žiarlivosť z lásky, ale namiesto toho len ľahostajne pozoroval naše nesprávne konanie, nielen by sa nám nepodarilo uvedomiť si naše chyby, ale naše srdce by zatvrdlo, čoho výsledkom by bolo neustále páchanie hriechu, a nakoniec padnutie na cestu večnej smrti. Takže žiarlivosť, ktorú Boh cíti, je žiarlivosťou z pravej lásky. Je to prejav jeho veľkej lásky a túžby obnoviť nás a viesť k večnému životu.

Požehnania a kliatby, ktoré pochádzajú z poslušnosti a neposlušnosti voči druhému prikázaniu

Boh je náš Stvoriteľ a Otec, ktorý obetoval jeho jediného Syna, aby mohli byť všetci ľudia spasení. Je tiež Vládcom nad životom všetkých ľudí a chce požehnať tých, ktorí ho uctievajú.

Neuctievať a neobdivovať tohto Boha, ale skôr falošné modly, znamená ho nenávidieť. A ľudia, ktorí nenávidia Boha, sú ním potrestaní tak, ako je napísané, že deti budú potrestané za hriechy otcov do tretieho a štvrtého pokolenia (Ex 20, 5).

Keď sa pozrieme okolo seba, môžeme ľahko vidieť, že rodiny, ktoré po generácie uctievali modly, sú aj naďalej trestané. Ľudia z týchto rodín môžu zažiť malígne alebo nevyliečiteľné choroby, deformity, mentálne postihnutie, posadnutie démonmi, samovraždu, finančné ťažkosti alebo rôzne druhy iných skúšok. A ak tieto pohromy pokračujú do štvrtej generácie, potom je rodina úplne zničená a neobnoviteľná.

Ale prečo si myslíte, že Boh povedal, že ich potrestá do „tretieho a štvrtého pokolenia" namiesto do „štvrtého pokolenia"? To poukazuje na Boží súcit. Nechává priestor pre tých potomkov, ktorí konajú pokánie a hľadajú Boha, aj keď ich predkovia uctievali falošné modly a boli Bohu nepriateľmi. Títo ľudia dávajú Bohu dôvod na zastavenie trestu voči tejto domácnosti.

Ale tí, ktorých predkovia boli vo veľkom nepriateľstve voči Bohu, boli vážnymi modloslužobníkmi a budovali zlo, budú čeliť ťažkostiam, keď sa budú snažiť prijať Pána. Aj v prípade, že ho príjmu, je to ako duchovná väzba s ich predchodcami, a tak, až kým duchovne nezvíťazia, zažijú počas ich celého duchovného života mnoho útrap. Nepriateľ diabol a satan bude zasahovať akýmkoľvek možným spôsobom, aby zabránil týmto ľuďom mať vieru a stiahnuť ich s ním do večnej temnoty.

Ak však potomkovia pri hľadaní Božieho milosrdenstva s pokorným srdcom konajú pokánie za hriechy ich predkov a snažia sa zo svojho srdca vyhnať hriešnu prirodzenosť, potom ich Boh bez pochýb ochráni. A tak na druhej strane, keď ľudia milujú Boha a zachovávajú jeho prikázania, Boh žehná ich rodinu do tisíceho pokolenia, čo im umožňuje získať jeho milosť naveky. Keď sa pozrieme na to, ako Boh hovorí, že bude trestať do tretieho a štvrtého pokolenia, ale bude žehnať do tisíceho pokolenia, môžeme jasne vidieť Božiu lásku k nám.

To neznamená, že automaticky dostanete bohaté požehnanie len preto, že vaši predkovia boli veľkí Boží služobníci. Napríklad, Boh nazval Dávida „človekom podľa môjho srdca" a Boh sľúbil požehnať jeho potomkov (1 Kr 6,12). Avšak, dozvedáme sa, že spomedzi Dávidových detí, tie, ktoré sa odvrátili od Boha, nedostali prisľúbené požehnanie.

Keď sa pozriete do kroník izraelských kráľov, môžete vidieť, že tí králi, ktorí uctievali Boha a slúžili mu, dostal požehnanie, ktoré Boh sľúbil Dávidovi. Pod ich vedením sa ich národu darilo a prosperoval do tej miery, že sa mu klaňali susedné národy. Avšak, králi, ktorí sa odvrátili od Boha a zhrešili proti nemu, zažili počas ich života mnoho útrap.

Len vtedy, keď človek miluje Boha a snaží sa žiť v pravde bez toho, aby sa ušpinil modlami, môže získať všetky požehnania, ktoré pre neho jeho predkovia dosiahli.

A tak, keď z našich životov odvrhneme všetky duchovné a fyzické modly, ktoré sú Bohu odporné, a na prvom mieste bude Boh, aj my môžeme získať bohaté požehnanie, ktoré Boh sľubuje všetkým jeho verným služobníkom a ich ďalším pokoleniam.

Kapitola 4

„Nevezmeš meno Pána, svojho Boha, nadarmo“

Ex 20, 7

„Nevyslovíš meno Pána, svojho Boha, nadarmo, lebo Pán nenechá bez trestu toho, kto nadarmo vysloví meno Pána, svojho Boha!"

Zo spôsobu, akým Izraeliti zaznamenali Bibliu alebo z nej čítali, je ľahké vidieť, že si Božie slová skutočne vážili.

Predtým, než bola vynájdená tlačiareň, ľudia museli písať Bibliu ručne. A zakaždým, keď malo byť napísané slovo „Jehovah", zapisovateľ si niekoľkokrát umyl telo, a dokonca aj zmenil pero, ktorým písal, keďže meno bolo také sväté. A zakaždým, keď spisovateľ urobil chybu, musel vystrihnúť tú časť a nahradiť ju novou. Ale ak bolo slovo „Jehovah" náhodou napísané nesprávne, začal znovu všetko kontrolovať úplne od začiatku.

Zároveň, keď Izraeliti čítali z Biblie, neprečítali meno „Jehovah" nahlas. Namiesto toho ho prečítali ako „Adonai", čo znamená „Môj Pane", pretože považovali Božie meno za príliš sväté na to, aby ho prečítali.

Pretože meno „Jahve" je meno reprezentujúce Boha, verili, že zároveň reprezentovalo aj Boží slávny a zvrchovaný charakter. Meno pre nich predstavovalo toho, kto je všemohúci Stvoriteľ.

„Nevezmeš meno Pána, svojho Boha nadarmo"

Niektorí ľudia ani nevedia, že je medzi Desatoro prikázaniami aj takéto prikázanie. Dokonca aj medzi veriacimi sú ľudia, ktorí nemajú Božie meno vo veľkej úcte a zneužívajú ho.

„Zneužitie" znamená používať niečo zlým alebo nesprávnym

spôsobom. A zneužívať Božie meno znamená použiť sväté Božie meno nesprávnym, nesvätým alebo nepravdivým spôsobom.

Napríklad, ak niekto vyslovuje vlastné myšlienky a tvrdí, že hovorí Božie slová alebo vtedy, keď koná, ako sa mu zachce, a tvrdí, že koná podľa Božej vôle, je to zneužitie jeho mena. Použitie Božieho mena na nepravdivú prísahu, žartovanie v Božom mene, atď., sú všetky príkladmi brania Božieho mena nadarmo.

Ďalším častým spôsobom, kedy ľudia berú Božie meno nadarmo, je ten, keď tí, ktorí ho ani nehľadajú, čelia skľučujúcej situácii a rozčúlene povedia: „Boh je taký ľahostajný!" alebo „Ak je Boh skutočne živý, ako môže dopustiť, aby sa toto stalo?!"

Ako by nás Boh mohol nazývať bezhriešnymi, ak my, jeho stvorenia, zneužívame meno nášho vlastného Stvoriteľa, Stvoriteľa, ktorý si zaslúži všetku slávu a česť? To je dôvod, prečo si musíme ctiť Boha a snažiť sa žiť v pravde neustálym skúmaním samých seba s rozvahou, aby sme sa uistili, že nie sme voči Bohu drzí ani neúctiví.

Tak prečo je branie Božieho mena nadarmo hriechom?

Po prvé, zneužívanie Božieho mena je znamením, že v neho neveríme.

Dokonca aj medzi filozofmi, ktorí tvrdia, že študujú zmysel života a existencie vesmíru, sú takí, ktorí hovoria: „Boh je mŕtvy." A dokonca aj niektorí obyčajní ľudia ľahkomyseľne tvrdia: „Boh neexistuje.“

Jeden ruský astronaut raz povedal: „Bol som vo vesmíre a Boha som nikde nevidel.“ Ale ako astronaut by mal vedieť lepšie ako ktokoľvek iný, že oblasť, ktorú preskúmal, bola len malou časťou nekonečného vesmíru. Aké pochabé sú slová tohto astronauta, že Boh, Stvoriteľ celého vesmíru, neexistuje len preto, že ho vlastnými očami nevidel v relatívne nevýznamnej časti vesmíru, ktorú navštívil!

Ž 53, 1 hovorí: *„Blázon si hovorí: ‚Boha niet!‘ Takí si počínajú zvrátene a ohavne, nikto nekoná dobro.“* Človek, ktorý sa s pokorným srdcom pozerá na vesmír, môže o Bohu Stvoriteľovi objaviť nespočetné množstvo dôkazov (Rim 1, 20).

Boh dal každému príležitosť, aby v neho uveril. Pred príchodom Ježiša Krista sa v starozákonnej dobe Boh dotkol srdca dobrých ľudí, aby mohli cítiť živého Boha. Po príchode Ježiša Krista v dnešnej novozákonnej dobe Boh aj naďalej mnohými rôznymi spôsobmi klope na dvere ľudských sŕdc, aby ho ľudia mohli spoznať.

To je dôvod, prečo si dobrí ľudia otvárajú srdcia a prijímajú Ježiša Krista a sú zachránení, bez ohľadu na to, akým spôsobom počuli evanjelium. Boh dovoľuje tým, ktorí ho úprimne hľadajú, zažiť jeho prítomnosť prostredníctvom silného pôsobenia na ich srdce počas modlitby, skrze videnia, či duchovné sny.

Raz som počul svedectvo jednej z našich členiek cirkvi a bol som veľmi prekvapený. Raz v noci prišla v sne k tejto žene jej matka, ktorá zomrela na rakovinu žalúdka, a povedala: „Keby som bola stretla Dr Jaerocka Leeho, hlavného pastora Manminskej centrálnej cirkvi, bola by som uzdravená..." Táto žena už počula o Manminskej centrálnej cirkvi, ale vďaka tejto skúsenosti sa celá jej rodina zaregistrovala v kostole a jej jediný syn bol vyliečený z epilepsie.

Stále existujú ľudia, ktorí aj naďalej popierajú existenciu Boha, a to napriek skutočnosti, že nám jeho existenciu dokazuje mnohými spôsobmi. Je to preto, že ich srdcia sú zlé a pochabé. Ak si títo ľudia aj naďalej zatvrdzujú srdce proti Bohu, hovoria o ňom ľahkomyseľne bez viery v neho, ako by ich Boh mohol nazývať bezhriešnymi?

Boh, ktorý má spočítané aj vlasy na našej hlave, ohnivými očami sleduje každý náš skutok. Ak by ľudia verili v túto skutočnosť, v žiadnom prípade by nikdy nezneužili Božie meno. O niektorých ľuďoch sa môže zdať, že veria, ale keďže neveria z hĺbky ich srdca, môže sa stať, že berú jeho meno nadarmo. A to sa v Božích očiach stáva hriechom.

Po druhé, zneužívanie Božieho mena je zneucťovaním Boha.

Ak zneucťujeme Boha, potom to znamená, že ho nerešpektujeme. Ak si trúfame zneuctiť Boha, Stvoriteľa, nemôžeme povedať, že sme bez hriechu.

Ž 96, 4 hovorí: „*Lebo Pán je veľký a hoden všetkej chvály, báť sa ho treba viac než všetkých bohov.*" V 1 Tim 6, 16 je napísané: „*On, ktorý jediný má nesmrteľnosť a prebýva v neprístupnom svetle, ktorého nikto z ľudí nevidel a ani nemôže vidieť. Jemu česť a večná moc. Amen.*"

Ex 33, 20 hovorí: „*A ešte mu povedal: ,Mňa nemôžeš vidieť, lebo mňa nikto nemôže vidieť a zostať pritom nažive.*'" Boh Stvoriteľ je taký veľký a mocný, že sa my, jeho stvorenia, nemôžeme na neho neúctivo pozerať, kedy sa nám zachce.

To je dôvod, prečo v starých časov ľudia s dobrým svedomím, aj keď nepoznali Boha, odkazovali na nebo slovami rešpektu. Napríklad, v Kórei ľudia používali zdvorilostné spôsoby prejavu, keď hovorili o nebi alebo počasí, aby tak prejavili rešpekt voči Stvoriteľovi. Možno Pána Boha ani nepoznali, ale vedeli, že všemohúci Stvoriteľ vesmíru im dával veci, ktoré potrebovali, ako bol dážď z neba. A tak mu chceli slovami vyjadriť rešpekt.

Väčšina ľudí používa slová, ktoré preukazujú úctu a nezneužívajú mená svojich rodičov alebo ľudí, ktorých skutočne z hĺbky sŕdc rešpektujú. Preto, ak hovoríme o Bohu Stvoriteľovi vesmíru a darcu života, nemali by sme sa na neho odvolávať najposvätnejším spôsobom a slovami najvyššej úcty?

Bohužiaľ, aj dnes existujú ľudia, ktorí samých seba nazývajú veriacimi, a aj napriek tomu neprejavujú Bohu úctu a nevážia si jeho meno. Napríklad, žartujú používaním Božieho mena alebo citujú slová Biblie nedbalým spôsobom. Vzhľadom k tomu, že Biblia hovorí: *„Slovo bolo Boh"* (Jn 1, 1), ak zneužívame slová Biblie, je to rovnaké, ako nerešpektovanie Boha.

Ďalší spôsob nerešpektovania Boha je klamať v jeho mene. Príkladom je to, keď človek hovorí o niečom, čo pochádza z jeho vlastnej mysle a tvrdí: „Toto je Boží hlas," alebo „Je to vnuknutím Ducha Svätého." Ak považujeme používanie mena staršej osoby nevhodným spôsobom za drzé a neslušné, o koľko opatrnejší by sme mali byť v používaní Božieho mena týmto spôsobom?

Všemohúci Boh pozná srdce a myšlienky všetkých živých stvorení ako jeho vlastnú dlaň. A vie, či je ich skutok motivovaný zlom alebo dobrom. S ohnivými očami Boh sleduje život každého človeka a každého človeka bude súdiť podľa jeho skutkov. Ak človek v toto skutočne verí, určite nebude zneužívať Božie meno alebo voči nemu páchať hriech nehanebnosti.

Mali by sme si uvedomiť ešte jedno, a to, že ľudia, ktorí skutočne milujú Boha, mali by byť opatrní nielen pri používaní Božieho mena, ale tiež pri jednaní so všetkými vecami, ktoré sa ho týkajú. Ľudia, ktorí skutočne milujú Boha, zároveň zaobchádzajú s budovou kostola a majetkom cirkvi ešte starostlivejšie ako s ich vlastným. Taktiež sú veľmi opatrní pri narábaní s peniazmi, ktoré patria kostolu, bez ohľadu na to, o aké malé množstvo ide.

Ak by ste náhodou rozbili šálku, zrkadlo alebo okno v kostole, predstierali by ste, že sa to nikdy nestalo a zabudli na to? Bez ohľadu na to, aké malé sú veci, ktoré sú špecificky určené pre Boha a službu jemu, nikdy by nemali byť zanedbávané a zneužívané.

Musíme byť tiež opatrní, aby sme nesúdili ani nepodceňovali Božieho človeka alebo udalosti pod vedením Ducha Svätého, pretože sú priamo spojené s Bohom.

Aj keď Šaul vykonal voči Dávidovi veľa zla a bol pre neho veľkou hrozbu, Dávid až do konca ušetril Šaulov život len preto, že Šaul bol kedysi Bohom pomazaným kráľom (1 Sam 26, 23). A rovnako, človek, ktorý miluje a rešpektuje Boha, bude veľmi opatrný pri jednaní so všetkým, čo s Bohom súvisí.

Po tretie, zneužívanie Božieho mena znamená klamať v jeho mene.

Ak sa pozriete do Starého zákona, v dejinách Izraela nájdete niekoľko falošných prorokov. Títo falošní proroci miatli ľudí tým, že im tvrdili, že prichádzajú od Boha, ale v skutočnosti to nebola pravda.

V Dt 18, 20 Boh prísne varuje pred ľuďmi, ako sú títo. Hovorí: *„No prorok, ktorý by sa v mojom mene opovážil hovoriť niečo, čo som neprikázal, alebo by hovoril v mene iných bohov, taký* *prorok nech zomrie."* Ak niekto klame používaním Božieho mena, trestom za taký skutok je smrť.

Zjv 21, 8 hovorí: *„Ale zbabelci, neveriaci, nemravníci, vrahovia, smilníci, čarodejníci, modloslužobníci a všetci luhári budú mať podiel v ohnivom jazere, horiacom sírou; to je tá druhá smrť."*

Ak existuje druhá smrť, znamená to, že existuje aj prvá smrť. Tá sa týka ľudí, ktorí zomierajú na tomto svete bez viery v Boha. Títo ľudia pôjdu do dolného podsvetia, kde ich za hriechy čaká bolestivý trest. Na druhej strane, tí, ktorí sú spasení, budú na tejto zemi, po stretnutí s Pánom Ježišom Kristom vo vzduchu pri jeho druhom príchode počas tisícročného kraľovania, kraľovať po dobu tisíc rokov.

Po skončení tisícročného kraľovania nastane súd veľkého bieleho trónu, kde budú súdení všetci ľudia a podľa ich skutkov dostanú buď duchovnú odmenu, alebo trest. Vtedy budú vzkriesené aj tie duše, ktoré neboli spasené, aby čelili tomuto rozsudku a každá z nich, v závislosti od veľkosti jej hriechov, vstúpi buď do ohnivého jazera, alebo do jazera horiacej síry. To je to, čo je známe ako druhá smrť.

Biblia hovorí, že všetci klamári zažijú druhú smrť. Tu sa klamári vzťahujú na každého, kto klame používaním Božieho mena. Nie je to obmedzené iba na falošných prorokov; ale aj na ľudí, ktorí zložili prísahu v Božom mene a nedodržali ju, pretože je to rovnaké, ako klamať v jeho mene, a tak jeho meno zneužívať. V Lv 19, 12 Boh hovorí: *„Na moje meno falošne neprisahajte, aby ste neznesvätili meno svojho Boha. Ja som Pán.“*

Ale sú tu aj veriaci, ktorí niekedy klamú používaním Božieho mena. Napríklad, môžu povedať: „Keď som sa modlil, počul som hlas Ducha Svätého. Verím, že to bolo Božie dielo“, aj keď s tým Boh nemá nič spoločné. Alebo môžu vidieť, ako sa niečo deje, a hoci to nie je isté, povedia: „Boh spôsobil, že sa to stalo.“ Ak je to skutočne Božie dielo, je to v poriadku, ale ak to nie je dielo Ducha Svätého a oni len zo zvyku hovoria, že je, stáva sa to problémom.

Samozrejme, ako Božie dieťa by sme vždy mali načúvať hlasu Ducha Svätého a získať jeho vedenie. Ale je dôležité vedieť, že len to, že ste spasené Božie dieťa, neznamená, že môžete vždy počuť hlas Ducha Svätého. Podľa toho, do akej miery je človek schopný odhodiť hriechy a naplniť sa pravdou, do tej miery bude môcť oveľa jasnejšie počuť hlas Ducha Svätého. A tak, keď človek nežije v pravde a robí so svetom kompromisy, nemôže jasne počuť hlas Ducha Svätého.

Ak je niekto plný nepravdy a neviazane a okázalo označuje výsledky vlastného telesného myslenia za diela Ducha Svätého, neklame len pred ostatnými ľuďmi, ale aj pred Bohom. Aj keby skutočne počul hlas Ducha Svätého, kým nepočuje jeho hlas na 100 percent, mal by vynaložiť všetko úsilie na to, aby bol diskrétny. Preto sa musí zdržať ľahkomyseľného označovania niečoho za dielo Ducha Svätého, a aj my by sme mali brať takéto tvrdenia s veľkou opatrnosťou.

Rovnaké pravidlo platí aj pre sny, videnia a ďalšie duchovné zážitky. Niektoré sny sú dané od Boha, ale niektoré sny sa môžu snívať ako dôsledok silnej túžby a starostí človeka. A niektoré sny môžu byť dokonca dielom satana, preto by človek nemal nikdy zbrklo hovoriť: „Tento sen bol daný od Boha," pretože by to bolo pred Bohom nesprávne.

Sú chvíle, kedy ľudia obviňujú Boha za súženie alebo ťažkosti, ktoré sú v skutočnosti spôsobené satanom v dôsledku ich vlastných hriechov. A sú chvíle, kedy ľudia zo zvyku nedbalo pripisujú veciam Božie meno. Keď všetko ide podľa ich predstáv, hovoria: „Boh ma požehnal." A keď prídu ťažkosti, hovoria: „Och, Boh pred tým zavrel dvere." Niektorí môžu vyznať vieru, ale je dôležité vedieť, že existuje veľký rozdiel medzi vyznaním z pravého srdca a vyznaním z ľahkomyseľného a pyšného srdca.

Prís 3, 6 hovoria: *„Na všetkých svojich cestách ho poznávaj a on sám ti urovná chodníky."* Ale to neznamená všetko vždy označovať svätým Božím menom. Skôr naopak, ten, kto spoznáva Boha na všetkých jeho cestách, snaží sa žiť v pravde za všetkých okolností, a teda byť opatrnejší v používaní Božieho mena. A v prípade, že ho potrebuje použiť, urobí to s verným a diskrétnym srdcom.

Preto, ak nechceme spáchať hriech zneužitia Božieho mena, mali by sme sa snažiť meditovať nad Jeho slovom vo dne i v noci, bdieť v modlitbe a byť naplnení Duchom Svätým. Iba vtedy, keď toto urobíme, môžeme jasne počuť hlas Ducha Svätého a konať v spravodlivosti podľa jeho vedenia.

Vždy ho mať v úcte je považované za vznešené

Boh je presný a precízny. A tak každé slovo, ktoré v Biblii používa, je správne a vhodné. Keď sa pozriete na to, ako Boh oslovuje veriacich, môžete vidieť, že používa slová vhodné pre danú situáciu. Napríklad, nazývať niekoho „bratom" a niekoho „môj milovaný" má úplne odlišný tón a zmysel. Niekedy Boh oslovuje ľudí „otcami", „mladíkmi" alebo „deťmi", atď, použitím vhodného slova, ktoré má správny význam v závislosti na miere viery adresáta (1 Kor 1, 10; 1 Jn 2, 12-13; 3, 21-22).

To isté platí pre mená Najsvätejšej Trojice. Vidíme, že v súvislosti s ňou sú používané rôzne mená: „Pán Boh, Jehovah, Boh Otec, Mesiáš, Pán Ježiš, Ježiš Kristus, Baránok, Duch Pánov, Duch Boží, Svätý Duch, Duch svätosti, Duch Svätý, Duch (Gn 2, 4; 1 Krn 28, 12; Ž 104, 30; Jn 1, 41; Rim 1, 4).

Najmä v Novom zákone predtým, ako Ježiš Kristus vzal na seba kríž, bol nazývaný „Ježišom, Učiteľom, Synom človeka", ale potom, čo zomrel a vstal z mŕtvych, je nazývaný „Ježišom Kristom, Pánom Ježišom Kristom, Ježišom Kristom

Nazaretským" (1 Tim 6, 14; Sk 3, 6).

Predtým, ako bol ukrižovaný, ešte neukončil svoje poslanie Spasiteľa, preto bol nazývaný „Ježišom", čo znamená „ten, kto zachráni jeho ľud z hriechov" (Mt 1, 21). Ale potom, čo splnil svoje poslanie, bol nazývaný „Kristom", čo znamená „Spasiteľ."

Boh, ktorý je dokonalý, chce, aby sme aj my boli správni a dokonalí v našich slovách a skutkoch. Preto vždy, keď vyslovíme sväté Božie meno, musíme ho vysloviť správnym spôsobom. To je dôvod, prečo v druhej časti verša 1 Sam 2, 30 Boh hovorí: *„Uctím si len tých, čo si uctia mňa. Tých, čo si nevážia mňa, nebudem si vážiť ani ja."*

Preto, ak skutočne hľadíme na Boha s veľkým rešpektom z hĺbky našich sŕdc, nikdy neurobíme chybu zneužitia jeho mena a za každých okolností sa ho budeme báť. Preto sa modlím, aby ste vždy boli v strehu v modlitbe a bdelí v srdci, aby život, ktorý vediete, vzdával chválu Bohu.

Kapitola 5

„Spomni si, aby si deň sviatočný svätil"

Ex 20, 8-11

*„Pamätaj na deň sobotného odpočinku, že ho máš svätiť!
Šesť dní budeš pracovať a konať všetku svoju prácu.
Siedmy deň je deň sobotného odpočinku pre Pána, tvojho
Boha. Nebudeš konať nijakú prácu ani ty, ani tvoj syn, ani
tvoja dcéra, ani tvoj sluha, ani tvoja slúžka, ani tvoj
dobytok, ani cudzinec, ktorý je v tvojich bránach. Veď Pán
za šesť dní utvoril nebo a zem, more a všetko, čo je v nich,
a siedmy deň odpočíval. Preto Pán požehnal deň
sobotného odpočinku a posvätil ho."*

Ak ste prijali Krista a stali sa Božím dieťatom, prvé, čo musíte urobiť, je uctievať Boha každú nedeľu a dávať celé desiatky. Dávanie celých desiatkov a prinášanie obiet dokazuje vašu vieru v Božiu moc nad všetkými fyzickými a hmotnými vecami a zachovávanie dňa odpočinku svätým dokazuje vašu vieru v Božiu moc nad všetkými duchovných vecami (Ez 20, 11-12).

Keď konáte vo viere, uznávajúc Božiu duchovnú a fyzickú moc, dostanete Božiu ochranu pred katastrofami, pokušením a úzkosťou. Prinášanie desiatkov bude podrobnejšie popísané v kapitole 8, takže táto kapitola sa zameria výslovne na zachovávanie dňa odpočinku svätým.

Prečo sa nedeľa stala dňom odpočinku

Deň odpočinku venovaný Bohu sa volá deň „sobotného odpočinku." Pochádza to z toho, že Boh, Stvoriteľ, za šesť dní stvoril vesmír a človeka a siedmy deň odpočíval (Gn 2, 1-3). Boh požehnal tento deň a urobil ho svätým, aby aj človek v tento deň odpočíval.

V starozákonnej dobe bola dňom odpočinku sobota. A aj dnes Židia zachovávajú ako deň odpočinku sobotu. Ale ako sme vstúpili do čias Nového zákona, dňom odpočinku sa stala nedeľa a my sme začali nazývať tento deň „deň Pánov." Jn 1, 17 hovorí: *„Zákon bol totiž daný skrze Mojžiša, no milosť a pravda prišli* *skrze Ježiša Krista.“* Mt 12, 8 hovorí: „*Veď Syn človeka je pánom nad sobotou.“* A to je presne to, čo sa stalo.

Prečo sa teda deň odpočinku zmenil zo soboty na nedeľu? Dôvodom je to, že deň, kedy celé ľudstvo môže skrze Ježiša Krista skutočne odpočívať, je nedeľa.

V dôsledku neposlušnosti prvého človeka Adama sa celé ľudstvo stalo otrokom hriechu a nemalo pravý deň odpočinku. Človek sa mohol nasýtiť len v pote čela a musel trpieť a zažívať slzy smútku, choroby a smrti. To je dôvod, prečo Ježiš prišiel na tento svet v ľudskom tele a bol ukrižovaný, aby mohol splatiť všetky hriechy ľudstva. Zomrel a tretieho dňa vstal z mŕtvych, zvíťazil nad smrťou a stal sa prvým plodom vzkriesenia.

Ježiš vyriešil problém hriechu a za úsvitu v nedeľu, prvý deň po dni sobotného odpočinku, dal celému ľudstvu pravý deň odpočinku. Z tohto dôvodu sa v dobách Nového zákona stala dňom odpočinku nedeľa, deň, kedy Ježiš Kristus otvoril cestu spásy pre celé ľudstvo.

Ježiš Kristus, Pán dňa odpočinku

Aj Pánovi učeníci určili nedeľu za deň odpočinku, keď si uvedomili duchovný význam dňa sobotného odpočinku. Sk 20, 7 hovorí: „*Keď sme sa prvý deň po sobote zišli na lámanie chleba"* a 1 Kor 16, 2 hovorí: *„Nech si každý z vás v prvý deň po sobote odloží, čo by mohol usporiť, aby sa zbierky nerobili vtedy, keď prídem."*

Boh vedel, že malo dôjsť k tejto zmene dňa odpočinku, a preto to spomenul už v Starom zákone, keď povedal Mojžišovi: *„Povedz Izraelitom toto: ‚Keď prídete do krajiny, ktorú vám dávam, a zožnete obilie, prvý snop zo svojej žatvy prinesiete kňazovi. On zamáva snopom pred Pánom, aby ste sa mu zapáčili. V deň po dni sobotného odpočinku ho kňaz bude podávať zamávaním. V ten istý deň, keď dáte mávať snopom, obetujte bezchybného jednoročného baránka na spaľovanú obetu Pánovi'"* (Lv 23, 10-12).

Boh povedal Izraelitom, že akonáhle vstúpia do Kanaánskej krajiny, budú obetovať prvé zožaté obilie deň po dni odpočinku. Prvé zožaté obilie symbolizuje Pána, ktorý sa stal prvým plodom vzkriesenia. A aj jednoročný bezchybný baránok symbolizuje Ježiša Krista, Božieho Baránka.

Tieto verše ukazujú, že v nedeľu, deň po sobote, Ježiš, ktorý sa stal zmiernou obetou a prvým plodom vzkriesenia, dá vzkriesenie a pravý deň odpočinku všetkým tým, ktorí v neho veria.

Z tohto dôvodu sa stala nedeľa, deň, kedy Ježiš Kristus vstal z mŕtvych, dňom pravej radosti a vďakyvzdania; deň, kedy vznikol nový život a bola otvorená cesta k večnému životu; a deň, kedy sa konečne mohol uskutočniť pravý deň odpočinku.

„Spomni si, aby si deň sviatočný svätil"

Tak prečo Boh urobil deň odpočinku svätým, a prečo hovorí jeho ľudu, aby ho svätil?

Dôvodom je to, že aj keď žijeme v telesnom svete, Boh chcel, aby sme pamätali aj na veci duchovného sveta. Chcel, aby naša nádej nespočívala len vo veciach tohto sveta podliehajúceho rýchlej skaze. Chcel, aby sme pamätali na Pána a Stvoriteľa vesmíru a mali nádej na pravý a večný deň odpočinku v jeho kráľovstve.

Ex 20, 9-10 hovorí: *„Šesť dní budeš pracovať a konať všetku svoju prácu. Siedmy deň je deň sobotného odpočinku pre Pána, tvojho Boha. Nebudeš konať nijakú prácu ani ty, ani tvoj syn, ani tvoja dcéra, ani tvoj sluha, ani tvoja slúžka, ani tvoj dobytok, ani cudzinec, ktorý je v tvojich bránach."* To znamená, že nikto by nemal v deň odpočinku pracovať. To zahŕňa vás, vašich služobníkov, vaše zvieratá a každého hosťa vo vašom dome.

To je dôvod, prečo ortodoxní Židia nesmú v deň odpočinku pripravovať jedlo, dvíhať ťažké predmety alebo cestovať veľké vzdialenosti. Je to preto, že všetky tieto činnosti sú považované za prácu, a preto nie sú v súlade s pravidlami dňa odpočinku. Avšak, tieto obmedzenia boli vytvorené ľuďmi a boli odovzdávané ďalším pokoleniam; preto nie sú Božími pravidlami.

Napríklad, keď Židia hľadali dôvod na vznesenie obvinenia voči Ježišovi, videli muža s vyschnutou rukou a pýtali sa Ježiša:

„Je dovolené v sobotu uzdravovať?" Dokonca aj uzdravenie chorého človeka v deň odpočinku považovali za „prácu", a z tohto dôvodu za protiprávne.

Na to im Ježiš odpovedal: *„Nájde sa medzi vami človek, ktorý má jedinú ovcu, a tá by mu v sobotu spadla do jamy, a on by ju nechytil a nevytiahol? A o koľko je človek cennejší ako ovca! Preto v sobotu je dovolené dobre robiť"* (Mt 12, 11-12).

Zachovávanie dňa odpočinku, ktorý prikazuje Boh, nie je len o zdržaní sa akéhokoľvek druhu práce. Keď neveriaci oddychujú od práce a zostávajú doma alebo idú vykonávať rekreačné aktivity, je to fyzický oddych od práce. Toto nie je považované za „deň odpočinku," pretože nám to nedáva pravý život. Najprv musíme pochopiť duchovný význam „dňa odpočinku", aby sme ho mohli zachovávať svätý, a potom získať požehnanie, ktoré pre nás Boh už pripravil.

To, čo Boh chce, aby sme v tento deň robili, nie je fyzický odpočinok, ale duchovný odpočinok. Iz 58, 13-14 vysvetľuje, že v deň odpočinku by sa ľudia mali zdržať toho, čo sa im páči, kráčania vlastnou cestou, rozprávania zbytočných slov alebo svetských radostí. Namiesto toho by mali zachovávať deň svätý.

V deň odpočinku by sa človek nemal zaoberať udalosťami vo svete, ale ísť do kostola, ktorý je telom Pána; prijať chlieb života, ktorým je Božie slovo; mať spoločenstvo s Bohom skrze modlitbu a chvály; a v Pánovi si duchovne odpočinúť. S ostatnými veriacimi by sa mal deliť o Božiu milosť a jeden druhému by mali pomáhať rásť vo viere. Keď si takto duchovne odpočinieme, Boh spôsobí dozretie našej viery a naša duša bude prosperovať.

Čo presne je potrebné urobiť, aby sme zachovávali deň odpočinku svätý?

Ako prvé musíme túžiť po požehnaní dňa odpočinku a pripraviť sa ako čisté nádoby.

Deň odpočinku je deň, ktorý Boh ustanovil za svätý a je to radostný deň, kedy môžeme získať od Boha požehnanie. Druhá časť verša Ex 20, 11 hovorí: *„Preto Pán požehnal deň sobotného odpočinku a posvätil ho"* a Iz 58, 13 hovorí: *„Ak deň sobotného odpočinku budeš volať rozkošou, ak Pánov svätý deň bude tvojou slávou, a budeš ho sláviť."*

Dokonca aj dnes sa Izraeliti, keďže zachovávajú ako deň odpočinku sobotu ako v časoch Starého zákona, pripravujú na deň odpočinku deň vopred. Majú všetko jedlo pripravené, a ak by mali pracovať mimo domov, zariadili by si to tak, aby sa domov dostali najneskôr v piatok večer.

My si tiež musí pripraviť naše srdce na deň odpočinku deň pred nedeľou. Každý týždeň by sme mali pred príchodom nedele vždy v modlitbe bdieť a snažiť sa žiť neustále v pravde, aby sme nevytvorili medzi Bohom a nami žiadne múry hriechu.

Preto zachovávanie dňa odpočinku svätým neznamená dať

Bohu iba tento jeden deň. Znamená to žiť v súlade s Božím slovom celý týždeň. A tak, keď sme urobili v priebehu týždňa niečo, čo by mohlo byť pre Boha neprijateľné, mali by sme konať pokánie a pripraviť sa na nedeľu s čistým srdcom.

A keď prídeme na nedeľnú bohoslužbu, musíme prísť pred Boha s vďačným srdcom. Musíme pred neho prísť s radostným a očakávajúcim srdcom, ako nevesta čakajúca na svojho ženícha. S týmto druhom postoja sa môžeme fyzicky pripraviť okúpaním sa, a možno dokonca aj návštevou holiča alebo kaderníka, aby sme sa uistili, že vyzeráme elegantne a udržiavane.

Môžeme dokonca chcieť upratať si dom. Na bohoslužbu by sme mali mať aj vopred vybrané elegantné a čisté oblečenie. V sobotný večer by sme sa nemali zapájať do žiadnych svetských záležitostí, ktoré by mohli trvať až do nedele. Mali by sme sa zdržať činností, ktoré by mohli brániť uctievaniu, ktoré ponúkneme Bohu v nedeľu. Tiež sa musíme snažiť chrániť si srdce pred podráždením, hnevom alebo rozrušením, aby sme mohli Boha uctievať v duchu a v pravde.

A s takýmto vzrušeným a milujúcim srdcom by sme mali očakávať nedeľu a pripraviť sa ako nádoba hodná získania Božej milosti. To nám umožní v Pánovi zažiť duchovný deň odpočinku.

Po druhé, celú nedeľu by sme mali úplne obetovať Bohu.

Dokonca aj medzi veriacimi existujú ľudia, ktorí venujú Bohu len jednu bohoslužbu v nedeľu ráno a večernú bohoslužbu vynechávajú. Konajú to buď kvôli odpočinku, rekreačným aktivitám, alebo v dôsledku inej činnosti. Ak skutočne chceme s bohabojným srdcom správne zachovávať deň odpočinku svätý, musíme zachovávať celý deň svätý. Dôvodom, prečo vynechávame popoludňajšiu bohoslužbu kvôli iným veciam, je to, že dovoľujeme nášmu srdcu nasledovať to, čo potešuje telo, a preto sa venujeme svetským veciam.

S týmto druhom postoja je veľmi ľahké mať počas rannej bohoslužby pozornosť odvedenú inými myšlienkami. A aj keď sme do kostola prišli, nebudeme schopní Bohu ponúknuť pravé uctievanie. Počas bohoslužby môže byť naša myseľ naplnená myšlienkami, ako sú: „Hneď po tejto službe pôjdem domov a oddýchnem si,“ alebo „Och, bolo by úžasné vidieť po omši mojich priateľov,“ alebo „Hneď ako sa toto skončí, musím sa poponáhľať otvoriť obchod.“ Naša myseľ bude preplnená všetkými druhmi myšlienok a nebudeme sa môcť sústrediť na posolstvá alebo môžeme byť počas bohoslužby dokonca ospalí a unavení.

Samozrejme, že noví veriaci, ktorých viera je mladá, môžu ľahko stratiť pozornosť alebo preto, že sú fyzicky veľmi unavení, môžu byť ospalí. Vzhľadom k tomu, že Boh pozná mieru viery každého človeka a pozerá sa do hĺbky srdca človeka, bude k nim milosrdný. Ale ak je niekto, kto má značnú mieru viery, zvyčajne roztržitý a počas bohoslužby zaspáva, je jednoducho voči Bohu neúctivý.

Zachovávanie dňa odpočinku svätým neznamená byť len v nedeľu fyzicky vo vnútri kostola. Znamená to udržiavať si naše srdce a pozornosť upriamené na Boha. Iba vtedy, keď budeme celý deň v nedeľu uctievať Boha správne v duchu a v pravde, radostne od nás v uctievaní príjme príjemnú vôňu našich sŕdc.

V záujme zachovania dňa odpočinku svätým je tiež dôležité to, ako budete v nedeľu tráviť čas mimo bohoslužby. Nemali by sme si myslieť: „Keďže som sa zúčastnil bohoslužby, urobil som všetko, čo som mal urobiť." Po uctievaní musíme mať spoločenstvo s ostatnými veriacimi a slúžiť Božiemu kráľovstvu uprataním kostola alebo riadením prevádzky na kostolnom parkovisku, či vykonávaním inej dobrovoľníckej práce v kostole.

A keď sa deň skončí a my ideme domov si odpočinúť, mali by sme upustiť od rekreačných aktivít s jediným účelom potešiť sám seba. Namiesto toho, mali by sme meditovať nad posolstvom, ktoré sme v ten deň počuli alebo stráviť čas rozhovorom s našou rodinou o Božej milosti a pravde. Je dobré televíziu vypnúť, ale ak ju náhodou pozeráme, mali by sme sa snažiť vyhnúť určitým druhom relácií, ktoré by mohli spustiť našu žiadostivosť alebo nás mohli primäť k hľadaniu svetskej rozkoše. Namiesto toho, mali by sme pozerať programy, ktoré sú zdravé, čisté, alebo dokonca založené na viere.

Keď ukážeme Bohu, že sa snažíme ho zo všetkých síl potešiť,

hoci aj malými vecami, Boh, ktorý skúma hĺbku srdca každého človeka, príjme naše uctievanie s radosťou, dá nám Ducha Svätého v plnosti a požehná nás pravým odpočinkom.

Po tretie, nesmieme vykonávať žiadnu svetskú prácu.

Nehemiáš, izraelský guvernér za vlády kráľa Artaxerxesa, kráľa Perzie, ktorý chápal Božiu vôľu, nielen znova postavil mestské hradby Jeruzalema, ale tiež sa uistil, že ľudia zachovávali deň odpočinku svätý.

To je dôvod, prečo zakázal pracovať alebo predávať v deň odpočinku, a dokonca vyhnal ľudí, ktorí spali za mestskými hradbami, kde čakali na pridelenie práce na deň po dni odpočinku.

V Neh 13, 17-18 Nehemiáš varuje jeho ľud: „*Čo to za veľké zlo páchate, keď znesväcujete deň sobotného odpočinku? Nerobili tak už vaši otcovia, takže náš Boh uviedol na nás aj na toto mesto všetku tú pohromu?*" Nehemiáš hovorí, že práca v deň odpočinku porušuje deň odpočinku a vyvoláva Boží hnev.

Ten, kto porušuje deň odpočinku, neuznáva Božiu moc a neverí v jeho prisľúbenia, že požehná tých, ktorí zachovávajú deň odpočinku svätý. To je dôvod, prečo Boh, ktorý je spravodlivý, nemôže ich chrániť a musia čeliť nešťastiu.

Boh nám aj dnes prikazuje to isté. Hovorí nám šesť dní tvrdo pracovať a na siedmy deň odpočívať. A ak zachovávame deň odpočinku svätý, potom nám Boh nielen dá dostatok, aby sa nám pokryl zisk, ktorý by sme mali prácou na siedmy deň, ale tiež nás požehná do tej miery, že budú naše „sýpky" preplnené.

Ak sa pozriete na Ex 16, uvidíte, že keď Boh denne dával Izraelitom mannu a prepelice, v šiesty deň im zoslal dvakrát toľko ako v ostatné dni, aby sa mohli pripraviť na deň odpočinku. Ale medzi Izraelitmi boli ľudia, ktorí zo sebectva išli zbierať mannu aj v deň odpočinku, no vrátili sa s prázdnymi rukami.

Ten istý duchovný zákon platí aj pre nás dnes. Ak Božie dieťa nezachováva deň odpočinku a rozhodne sa v ten deň pracovať, môže žať krátkodobý zisk, ale z dlhodobého hľadiska v skutočnosti zažije z tohto dôvodu dlhodobú stratu.

Je pravdou, že aj keď sa zdá, že máte v tej dobe zisk aj bez Božej ochrany, určite zažijete nejaké nepredvídateľné problémy. Napríklad, môžete mať nehodu alebo ochoriete, atď., čo sa nakoniec stane väčšou stratou ako akýkoľvek dosiahnutý zisk.

Naopak, ak zachováte deň odpočinku svätý, Boh bude nad vami bdieť po zvyšok týždňa a povedie vás k prosperite. Duch Svätý vás bude strážiť jeho ohnivými stĺpmi a ochráni vás pred chorobami. On vás požehná a požehná aj vašu firmu, vaše pracovisko a všade, kam pôjdete.

To je dôvod, prečo Boh ustanovil toto prikázanie jedným z Desatora prikázaní. Dokonca zaviedol aj važný trest ukameňovania ľudí, ktorí boli prichytení v deň odpočinku pri práci, aby si jeho ľudia pamätali deň odpočinku a nezabúdali na jeho význam a nezišli na cestu večnej smrti (Nm 15).

Od chvíle, keď som prijal Krista do môjho života, neustále som dával pozor, aby som si spomenul zachovávať deň odpočinku svätý. Predtým, ako som založil našu cirkev, mal som knižnicu. V nedeľu tam chodilo mnoho ľudí, ktorí si chceli buď knihy požičať, alebo vrátiť. A zakaždým, keď sa to stalo, povedal som im: „Dnes je deň Pána, preto je obchod zatvorený,“ a v ten deň som nepracoval. Výsledkom bolo to, že namiesto straty Boh skutočne vylial toľko požehnania na zvyšných šesť dní, ktoré sme pracovali, že už nikdy sme nemuseli uvažovať o práci v nedeľu!

Keď sú práca alebo podnikanie v deň odpočinku povolené

Keď sa pozriete do Biblie, nájdete tam prípady, kedy boli práca alebo podnikanie v deň odpočinku povolené. Ide o prípady, kedy je to potrebné na budovanie Pánovho diela alebo na dobré skutky, ako je napríklad, záchrana ľudských životov.

Mt 12, 5-8 hovorí: „*Alebo či ste nečítali v zákone, že v sobotný deň kňazi v chráme znesväcujú sobotu, a sú bez viny? Hovorím vám: Tu je niečo viac ako chrám. Keby ste boli spoznali, čo znamená: Milosrdenstvo chcem, a nie obetu, neboli by ste odsúdili nevinných. Veď Syn človeka je Pánom nad sobotou.“*

Keď kňazi zabíjali zvieratá na spaľované obety v deň odpočinku, nebolo to považované za prácu. Preto akákoľvek práca pre Pána sa v deň Pána nepovažuje za nedodržanie dňa odpočinku, pretože On je Pánom dňa odpočinku.

Napríklad, v prípade, že kostol chce poskytnúť jedlo speváckemu zboru a učiteľom za ich celodennú tvrdú prácu v kostole, ale nie je tam bufet alebo vhodné zariadenie, kde by mohlo byť jedlo pripravené, potom je povolené, aby cirkev kúpila pre nich jedlo inde. Je to preto, že Pánom dňa odpočinku je Ježiš Kristus a nákup potravín je v tomto prípade pre Pánovo dielo. Samozrejme, že by bolo ideálne, ak by mohlo byť jedlo pripravené vo vnútri kostola.

Keď sú kníhkupectvá otvorené v kostole aj v nedeľu, nie je to považované za znesvätenie dňa odpočinku, pretože veci, ktoré sa predávajú v kostolnom kníhkupectve, nie sú považované za svetské veci, ale sú vecami, ktoré dávajú veriacim život v Pánovi. Patria medzi ne Biblie, spevníky, nahrávky kázaní a iné veci súvisiace s kostolom. Taktiež sú v kostole povolené automaty s potravinami a jedálne, pretože v deň odpočinku pomáhajú veriacim v kostole. Zisk z týchto predajov sa používa na podporu misií a organizácií dobrej vôle, preto sa líši od zisku zo sekulárneho predaja, ktorý sa za bránami kostola.

Niektoré druhy prác v deň odpočinku Boh nepovažuje za zneužívajúce tento deň, ako je práca v armáde, na polícii, v nemocnici, atď. Ide o pracovné miesta, kde vykonávaná práca slúži na ochranu a záchranu životov a na konanie dobra. Avšak, ak patríte do tejto kategórie, mali by ste sa pokúsiť zamerať na Boha, aj keď len vo svojom srdci. Vaše srdce by malo byť ochotné ísť k vášmu nadriadenému a požiadať o zmenu dňa voľna, pokiaľ je to možné, s cieľom zachovať deň odpočinku svätý.

Ako je to s veriacimi, ktorí majú svadobné obrady v nedeľu? Ak tvrdia, že veria v Boha a majú svadobný obrad v deň Pána, to dokazuje, že ich viera je veľmi mladá. Ale ak sa rozhodnú mať svadbu v nedeľu a nikto z ich kostola na svadbu nepríde, môžu byť urazení a zísť z cesty viery. Takže v tomto prípade sa členovia cirkvi môžu po nedeľnej bohoslužbe zúčastniť svadobného obradu.

Je to na preukázanie ohľaduplnosti k jednotlivcovi, ktorý sa ide ženiť, a aby sa zabránilo pocitu ublíženia a zídenia zo správnej cesty v ich veriacich životoch. Avšak, nie je prijateľné, aby ste po obrade zostali aj na hostinu, ktorá je určená pre zábavu hostí.

Okrem týchto prípadov existuje ešte mnoho ďalších otázok o dni odpočinku. Ale akonáhle začnete chápať Božie srdce, môžete ľahko nájsť odpovede na tieto otázky. Keď zo svojho srdca odvrhnete všetko zlo, potom budete schopní uctievať Boha celým svojím srdcom. Budete schopní konať z úprimnej lásky voči iným dušiam, namiesto ich odsudzovania na základe ľudských pravidiel a predpisov, ako saduceji a farizeji. Môžete sa v Pánovi tešiť z pravého dňa odpočinku bez znesvätenia dňa Pána. Potom budete vo všetkých situáciach poznať Božiu vôľu. Vedení Duchom Svätým budete vedieť, čo robiť a vždy sa budete môcť tešiť zo slobody životom v pravde.

Boh je láska, a preto, ak jeho deti dodržiavajú jeho prikázania a konajú to, čo sa mu páči, dá im, o čo prosia (1 Jn 3, 21-22). On na nás vyleje nielen jeho milosť, ale tiež nás požehná, aby sa nám vo všetkom darilo a boli sme úspešní vo všetkých oblastiach nášho života. A keď sa naše životy skončia, povedie nás k najlepšiemu príbytku v nebi.

On pre nás pripravil nebo, aby sme sa rovnako ako nevesta a ženích, ktorí sa tešia zo spoločnej lásky a šťastia, mohli deliť o lásku a šťastie naveky v nebi s naším Pánom. Toto je pravý deň odpočinku, ktorý má pre nás Boh pripravený. Preto sa modlím, aby vaša viera dozrela a každým dňom rástla tým, že si budete pamätať zachovávať celý deň odpočinku svätý.

Kapitola 6

„Cti otca svojho i matku svoju“

Ex 20, 12

„Cti svojho otca a svoju matku, aby si dlho žil v krajine, ktorú ti dá Pán, tvoj Boh!“

Jednu studenú zimu, keď boli ulice Kórey plné trpiacich utečencov z pustošiacej kórejskej vojny, bola medzi nimi žena, ktorá mala každú chvíľu rodiť. Jej cieľ bol ešte míle vzdialený, ale so silnejúcimi a stále častejšími kontrakciami opatrne zostúpila pod opustený most. Ležiac na studenej, mrazivej zemi v osamote vydržala pôrodné bolesti a priviedla na svet malé dieťa. Potom krvou pokryté dieťa zabalila do vlastného odevu a privinula si ho na hruď.

O niekoľko okamihov neskôr prechádzal popri moste americký vojak a začul detský plač. Nasledoval tento plačúci zvuk, zostúpil pod most a našiel mŕtvu, zmrznutú, nahú ženu zhrbenú nad plačúcim dieťaťom, ktoré bolo zabalené do vrstiev oblečenia. Rovnako ako žena v tomto príbehu aj rodičia milujú svoje deti do tej miery, že s ľahkosťou a nezištne dokážu dať za nich vlastný život. O koľko väčšia je podľa vás bezvýhradná Božia láska k nám?

„Cti otca svojho i matku svoju"

Prikázanie „Cti otca svojho i matku svoju" znamená konať podľa vôle rodičov a slúžiť im s úprimnou úctu a zdvorilosťou. Naši rodičia nás porodili a vychovali. Keby neexistovali naši rodičia, neexistovali by sme ani my. A tak, aj keby Boh neurobil toto prikázanie jedným z Desatora prikázaní, ľudia s dobrým srdcom by si aj napriek tomu rodičov ctili.

Boh nám dáva toto prikázanie „Cti otca svojho i matku svoju," pretože ako hovorí v Ef 6, 1: *„Deti, poslúchajte svojich rodičov v Pánovi, lebo tak je to spravodlivé."* Chce, aby sme si ctili rodičov podľa Jeho slova. Ak neuposlúchnete Božie slovo preto, aby ste potešili vašich rodičov, potom si ich skutočne nectíte.

Napríklad, ak sa chystáte v nedeľu do kostola a rodičia vám povedia: „Nechoď dnes do kostola. Strávime čas spolu ako rodina," čo by ste mali urobiť? Ak poslúchnete rodičov, aby ste ich potešili, nectíte si ich skutočne. Je to porušenie dňa odpočinku a kráčanie smerom k večnej temnote spolu s vašimi rodičmi.

Aj keď ich telesne poslúchate a dobre im slúžite, pretože toto je duchovne cesta do večného pekla, ako môžete povedať, že skutočne milujete vašich rodičov? Najprv musíte konať v súlade s Božou vôľou, a potom sa pokúsiť pohnúť srdcom vašich rodičov, aby ste tak mohli ísť všetci do neba spoločne. Toto znamená skutočne si ich ctiť.

V 2 Krn 15, 16 je napísané: *„I matku Maachu pozbavil kráľ Asa postavenia vládkyne, pretože zhotovila pre Ašeru ohavnú modlu. Asa jej ohavnú modlu vyťal, dolámal a spálil v Kidrónskom údolí."*

Ak kráľovná celého národa uctieva modly, je nepriateľom Boha a kráča k večnému zatrateniu. Okrem toho, ohrozuje jej poddaných tým, že ich núti páchať skutky modloslužobníctva, a tak padnú do rovnakého večného zatratenia ako ona. To je dôvod, prečo sa Asa nesnažil Maachu, aj keď bola jeho matkou, potešiť jej poslúchaním, ale namiesto toho ju pozbavil jej postavenia vládkyne, aby mohla pred Bohom oľutovať jej previnenie a ľudia sa mohli prebudiť a urobiť to isté.

Ale pozbavenie matky kráľa Asaa jej postavenia vládkyne neznamenalo, že si kráľ prestal plniť jeho povinnosť ako jej syn. Keďže miloval jej dušu, aj naďalej ju rešpektoval a ctil si ju ako jeho matku.

Na to, aby sme mohli povedať: „Skutočne som si ctil mojich rodičov," musíme pomôcť neveriacim rodičom získať spásu a ísť do neba. Ak sú naši rodičia už veriaci, musíme im pomôcť vstúpiť do najlepšieho príbytku v nebi. Zároveň by sme sa tiež mali počas nášho života tu na zemi pokúsiť slúžiť im a potešiť ich do tej miery, do akej to je v Božej pravde možné.

Boh je Otcom nášho ducha

„Cti otca svojho i matku svoju" v konečnom dôsledku znamená to isté ako „Poslúchaj Božie prikázania a cti si Boha." Ak si niekto skutočne ctí Boha z hĺbky srdca, bude si tiež ctiť rodičov. A podobne, ak niekto úprimne rodičom slúži, bude úprimne slúžiť aj Bohu. Ale pokiaľ ide o priority, Boh by mal byť na prvom mieste.

Napríklad, ak v mnohých kultúrach otec povie synovi: „Choď na východ,“ syn poslúchne a pôjde na východ. Ale ak vtedy jeho starý otec povie: „Nie, nechoď na východ. Choď na západ.“ Potom je správnejšie pre syna otcovi povedať: „Starý otec mi povedal, aby som išiel na západ,“ a ísť na západ.

Ak si otec skutočne ctí svojho vlastného otca, nebude sa hnevať len preto, že jeho syn poslúchol starého otca namiesto neho. Tento skutok poslušnosti voči starším v závislosti od úrovne pokolenia platí aj pre náš vzťah s Bohom.

Boh je ten, kto stvoril nášho otca, nášho starého otca, všetkých našich predkov a dal im život. Človek je stvorený spojením spermie a vajíčka. Ale ten, kto dáva človeku základné semeno života, je Boh.

Naše viditeľné telá nie sú ničím iným ako dočasným príbytkom, ktorý používame krátku dobu, počas ktorej žijeme tu na tejto zemi. Po Bohu je pravým pánom každého z nás duch, ktorý je v nás. Bez ohľadu na to, aké šikovné a múdre sa ľudstvo stane, nikto nemôže naklonovať ducha človeka. A aj keď je človek schopný klonovať ľudské bunky a vytvoriť ľudskú podobu, ak Boh tejto podobe nedá ducha, nemôžeme túto podobu nazývať ľudskou bytosťou.

Preto pravý Otec nášho ducha je Boh. S týmto vedomím by sme mali, čo najlepšie slúžiť našim fyzickým rodičom a ctiť si ich, ale mali by sme milovať Boha, slúžiť mu a ctiť si ho ešte viac, pretože je pôvodcom a darcom samotného života.

Preto rodič, ktorý si toto uvedomuje, nikdy si nepomyslí: „Porodila som moje dieťa, takže si s ním môžem robiť, čo chcem." Ako je napísané v Ž 127, 3: „*Dedičstvo Pána sú synovia, odmena je plod života,*" rodičia s vierou považujú dieťa za Bohom daný dar a vzácnu dušu, ktorá by mala byť vychovávaná v súlade s Božou vôľou, a nie ich vlastnou vôľou.

Ako uctievať Boha, Otca nášho ducha

Čo by sme mali teda robiť, aby sme si ctili Boha, Otca nášho ducha?

Ak si skutočne ctíte rodičov, mali by ste ich poslúchať a snažiť sa im do ich sŕdc prinášať radosť a útechu. A rovnako, ak skutočne chcete ctiť Boha, mali by ste ho milovať a poslúchať jeho príkazy.

Ako je napísané v 1 Jn 5, 3: „*Lebo láska k Bohu je v tom, že zachovávame jeho prikázania; a jeho prikázania nie sú ťažké,*" ak skutočne Boha milujete, potom dodržiavanie jeho príkazov by malo byť príjemné.

Božie príkazy sú v slovách zaznamenaných v šesťdesiatich šiestich knihách Biblie. Konkrétne, sú tam slová ako „miluj, odpúšťaj, snaž sa o pokoj, slúž, modli sa," atď., kde nám Boh hovorí niečo robiť, a potom sú tam slová ako „neprechovávaj nenávisť, neodsudzuj, nebuď domýšľavý," atď., kde nám Boh hovorí niečo nerobiť. Zároveň sú tam tiež slová ako „odhoď aj najmenšiu podobu hriechu," atď., kde nám Boh hovorí niečo z nášho života odhodiť a slová ako „zachovávaj deň odpočinku svätý," atď., kde nám Boh hovorí, aby sme niečo dodržiavali.

Iba vtedy, keď budeme konať podľa príkazov, ktoré sú zaznamenané v Biblii, a ako kresťania vydávať príjemnú vôňu Bohu, môžeme povedať, že si skutočne ctíme Boha Otca.

Je ľahké vidieť, že ľudia, ktorí milujú Boha a ctia si ho, milujú a ctia si aj ich fyzických rodičov. Je to preto, že Božie prikázania už zahŕňajú príkaz ctiť si rodičov a milovať našich bratov.

Milujete Boha a zo všetkých síl mu v kostole slúžite, ale nejakým spôsobom zanedbávate vašich rodičov? Ste niekedy pokorní a láskaví pred svojimi bratmi a sestrami v kostole, ale občas hrubí a urážliví voči vašej rodine? Konfrontujete vašich starých rodičov slovami a skutkami, ktoré prejavujú frustráciu tým, že hovoríte, že ich slová nedávajú zmysel?

Samozrejme, že môže nastať situácia, kedy vy a vaši rodičia máte protichodné názory v dôsledku generačných rozdielov, rozdielov vo vzdelaní alebo kultúre. Vždy sa však musíme snažiť rešpektovať a ctiť názory našich rodičov ako prvé. Aj keď môžeme mať pravdu, pokiaľ ich názory neodporujú Biblii, mali by sme byť schopní vzdať sa vlastných názorov v prospech ich názorov.

Nikdy by sme nemali zabúdať ctiť si rodičov chápaním, že sme boli schopní žiť a dospieť do tejto miery vďaka ich láske a obete za nás. Niektorí ľudia majú pocit, že ich rodičia pre nich nikdy nič neurobili a je pre nich ťažké ich ctiť. Avšak, aj keď niektorí rodičia neboli verní ich rodičovskej povinnosti, nesmieme zabúdať, že ctiť rodičov, ktorí nás porodili, je základom ľudskej zdvorilosti.

Ak milujete Boha, ctíte si vašich rodičov

Milovať Boha a ctiť si rodičov ide ruka v ruke. 1 Jn 4, 20 hovorí: *„Ak niekto hovorí: ‚Milujem Boha,‘ a nenávidí svojho brata, je klamár. Veď kto nemiluje svojho brata, ktorého vidí, nie je schopný milovať Boha, ktorého nevidí.“*

Ak niekto tvrdí, že miluje Boha, ale nemiluje svojich rodičov a nežije v mieri so svojimi bratmi a sestrami, potom je tento človek pokrytec a klamár. To je dôvod, prečo v Mt 15, 4-9 vidíme, ako Ježiš karhá farizejov a zákonníkov. Podľa tradície starších, pokiaľ dávali obety Bohu, nemuseli sa starať o dávanie vlastným rodičom.

Ak niekto hovorí, že rodičom nemôže dať nič, pretože musí dať Bohu, toto nielen porušuje Božie prikázanie o ctení si rodičov, ale keďže používa Boha ako výhovorku, je zjavné, že to pochádza zo zlého srdca; v dôsledku sebeckosti chce vziať to, čo právoplatne patrí rodičom. Niekto, kto skutočne miluje Boha a ctí ho z hĺbky jeho srdca, bude milovať a ctiť si aj rodičov.

Napríklad, ak niekto, kto mal v minulosti problémy milovať svojich rodičov, stále viac a viac chápe Božiu lásku, začne viac chápať aj lásku jeho rodičov. Čím viac vojdete do pravdy, odhodíte hriechy a žijete podľa Božieho slova, tým viac bude vaše srdce naplnené pravou láskou, a ako výsledok budete o to schopnejší slúžiť vašim rodičom a milovať ich.

Požehnanie, ktoré dostanete, keď dodržiavate piate prikázanie

Boh dal prísľub tým, ktorí milujú Boha a ctia si rodičov. Ex 20, 12 hovorí: *„Cti svojho otca a svoju matku, aby si dlho žil v krajine, ktorú ti dá Pán, tvoj Boh!"*

Tento verš neznamená jednoducho to, že ak si ctíte rodičov, budete žiť dlhý život. Znamená to to, že do akej miery si ctíte Boha a rodičov v jeho pravde, do tej miery vás požehná prosperitou a ochranou vo všetkých oblastiach vášho života. „Dlho žiť" znamená, že Boh požehná vás, vašu rodinu, vaše pracovisko alebo podnik a ochráni vás od náhlych katastrof, a tak bude váš život dlhý a prosperujúci.

Rút, žena zo Starého zákona, dostala tento druh požehnania. Rút bol pohankou z Moábskej krajiny a pri pohľade na jej fyzickú situáciu by sa dalo povedať, že mala ťažký život. Vydala sa za židovského muža, ktorý odišiel z Izraela, aby sa vyhol hladomoru. Ale onedlho po svadbe zomrel a nechal ju bezdetnú.

Jej svokor už zomrel a v dome nebol žiadny muž, ktorý by sa o rodinu postaral. Jediní ľudia v jej domácnosti boli jej svokra Naomi a jej švagriná Opra. Keď sa jej svokra Naomi rozhodla vrátiť do Judska, Rút sa rýchlo rozhodla ju nasledovať.

Naomi sa snažila presvedčiť jej nevestu, aby odišla a pokúsila sa o nový, šťastnejší život, ale Rút nebolo možné presvedčiť. Rút sa chcela starať o jej ovdovelú svokru až do konca, a tak ju nasledovala do Judska, do krajiny jej úplne neznámej. Pretože svoju svokru milovala, ako jej nevesta chcela splniť celú svoju povinnosť. Chcela sa o Naomi starať zo všetkých síl tak dlho, ako to len šlo. Bola dokonca ochotná vzdať sa pre ňu aj šance na nový, šťastnejší život.

Vďaka svokre aj Rút začala veriť v Boha Izraela. V Rút 1, 16-17 vidíme jej dojemné vyznanie:

„Nenúť ma, aby som ťa opustila a odvrátila sa od teba. Kamkoľvek pôjdeš ty, ta pôjdem i ja, a kde budeš bývať ty, budem bývať i ja. Tvoj ľud bude mojím ľudom a tvoj Boh bude mojím Bohom. Kde zomrieš ty, tam zomriem i ja a tam budem pochovaná! Nech ma Pán prísne potresce, ako chce, ak by ma od teba odlúčilo niečo iné než smrť.“

Keď Boh počul toto Rútino vyznanie, aj keď bola pohankou, požehnal ju a urobil jej život prosperujúcim. Podľa židovského zvyku, kedy sa žena mohla znovu vydať za jedného z príbuzných jej zosnulého manžela, Rút mohla začať nový, šťastný život s láskavým manželom a žiť po zvyšok jej života po boku svokry, ktorú milovala.

Navyše, z jej rodu vzišiel kráľ Dávid a Rút mala tiež česť zdieľať rodokmeň Spasiteľa Ježiša Krista. Ako Boh sľúbil, pretože si Rút ctila jej rodiča v Božej láske, získala hojné fyzické a duchovné požehnanie.

Rovnako ako Rút, aj my musíme najprv milovať Boha, a potom si ctiť rodičov v Božej láske, a tým získať všetky sľúbené požehnania, ktoré sú zahrnuté v Božích slovách: „aby si dlho žil v krajine."

Kapitola 7

„Nezabiješ“

Ex 20, 13

„Nezabiješ!“

Ako pastor komunikujem s mnohými členmi cirkvi. Okrem bežných bohoslužieb sa s nimi stretávam, keď prídu na modlitbu, podeliť sa o svoje svedectvo alebo hľadajú duchovné povzbudenie. S cieľom pomôcť im rásť vo viere im často kladiem túto otázku: „Milujete Boha?"

„Áno! Milujem Boha," s istotou odpovie väčšina ľudí. Ale často je to preto, že nechápu pravý duchovný význam milovania Boha. A tak sa s nimi podelím o verš: „*Lebo láska k Bohu je v tom, že zachovávame jeho prikázania; a jeho prikázania nie sú ťažké*" (1 Jn 5, 3) a vysvetlím im duchovný význam milovania Boha. Keď im potom znova položím tú istú otázku, väčšina ľudí odpovie s menšou istotou.

Je veľmi dôležité pochopiť duchovný význam Božieho slova. A platí to aj pre Desatoro prikázaní. Aký je teda duchovný význam šiesteho prikázania?

„Nezabiješ"

Ak sa pozrieme na verše v Gn 4, staneme sa svedkami prvého prípadu vraždy ľudstva. Ide o prípad, kedy Adamov syn Kain zabije mladšieho brata Ábela. Prečo sa dejú takéto veci?

Ábel priniesol Bohu obetu spôsobom, ktorý ho potešil. Kain priniesol Bohu obetu spôsobom, o ktorom si myslel, že je správny, a ktorý bol pre neho najpohodlnejší. Keď Boh neprijal

Kainovu obetu, namiesto toho, aby sa snažil prísť na to, čo urobil nesprávne, Kain začal na brata žiarliť a naplnil ho hnev a odpor.

Boh poznal Kainovo srdce a pri niekoľkých príležitostiach Kaina varoval. Boh mu povedal: *„Číha na teba hriech a jeho žiadostivosť, ale ty ju máš ovládať"* (Gn 4, 7). Ale ako je napísané v Gn 4, 8: *„Keď boli na poli, Kain napadol svojho brata Ábela a zabil ho."* Kain nebol schopný ovládnuť hnev v jeho srdci, a nakoniec spáchal nezvratný hriech.

Zo slov „keď boli na poli" môžeme odhadnúť, že Kain čakal na chvíľu, kedy by bol s bratom osamote. To znamená, že Kain sa už v srdci rozhodol, že brata zabije a hľadal len správnu príležitosť. Vražda, ktorú Kain spáchal, nebola náhodná; bol to výsledok jeho nekontrolovaného hnevu, ktorý sa stal skutkom v jedinom okamihu. To je to, čo robí vraždu, ktorú Kain spáchal, takým veľkým hriechom.

Po vražde spáchanej Kainom nasledovalo v celej histórii ľudstva mnoho ďalších vrážd. A dnes, pretože svet je plný hriechov, každý deň dochádza k nespočetnému množstvu vrážd. Priemerný vek zločincov klesá a druhy trestných činov sú stále horšie a horšie. Ale čo je horšie, je to, že v dnešnej dobe vraždy, pri ktorých rodičia zabíjajú svoje deti a deti zabíjajú svojich rodičov, už nie sú šokujúce.

Fyzická vražda: Zobrať niekomu život

Z právneho hľadiska existujú dva druhy vraždy: vražda prvého stupňa, kedy človek zámerne z určitého dôvodu zabije iného človeka; a potom je tu vražda druhého stupňa, kedy človek neúmyselne zabije iného človeka. Vražda zo zlomyseľnosti alebo materiálneho zisku, alebo neúmyselná vražda spôsobená nedbanlivou jazdou sú všetky druhmi vraždy; avšak veľkosť hriechu sa v každom prípade líši v závislosti od situácie. Niektoré vraždy nie sú považované za hriech, ako je prelievanie krvi na bojovom poli alebo vražda v oprávnenej sebaobrane.

Biblia hovorí, že keď človek zabije zlodeja, ktorý sa mu v noci vkradol do domu, nepovažuje sa to za vraždu, ale keď človek zabije zlodeja, ktorý sa mu vkradol do domu cez deň, považuje sa to za neprimeranú sebaobranu a mal by čeliť trestu. Je to preto, že pred niekoľkými tisíckami rokov, v čase, keď nám Boh dal jeho zákony, ľudia mohli ľahko vyhnať alebo chytiť zlodeja za pomoci iného človeka.

Boh považoval neprimeranú sebaobranu, ktorá spôsobila krvipreliatie iného človeka, v tomto prípade za hriech, pretože Boh zakazuje zanedbávanie ľudských práv a zneužívanie dôstojnosti života. To dokazuje Božiu spravodlivú a milujúcu povahu (Ex 22, 2-3).

Samovražda a potrat

Okrem vyššie uvedených druhov vrážd je tu tiež prípad „samovraždy.“ „Samovražda“ je jednoznačne pred Bohom považovaná za „vraždu.“ Boh má zvrchovanosť nad životmi všetkých ľudí a samovražda je skutok popierania tejto zvrchovanosti. To je dôvod, prečo je samovražda veľkým hriechom.

Ale ľudia páchajú tento hriech preto, že neveria v posmrtný život alebo neveria v Boha. A tak, okrem spáchania hriechu neviery v Boha, tiež páchajú hriech vraždy. Len si predstavte, aký druh súdu ich čaká!

V súčasnej dobe s nárastom užívateľov internetu sú časté prípady, kedy sú ľudia webovými stránkami pokúšaní spáchať samovraždu. V Kórei je na prvom mieste príčinou úmrtí ľudí vo veku okolo štyridsiatky rakovina a druhou príčinou je samovražda. To sa stáva vážnym spoločenským problémom. Ľudia musia pochopiť skutočnosť, že nemajú právomoc ukončiť vlastný život, a to, že ukončili svoj život tu na zemi, ešte neznamená, že problém, ktorý nechávajú po sebe, je vyriešený.

Ako je to s potratmi? Pravda je taká, že život dieťaťa v maternici je pod zvrchovanou Božou mocou, preto aj potrat spadá do kategórie vraždy.

Dnes, v čase, keď hriech riadi životy mnohých ľudí, rodičia zabíjajú svoje deti bez toho, aby si uvedomili, že je to hriech.

Zavraždenie iného človeka je samo o sebe hrozným hriechom, ale keď rodičia vezmú život ich vlastnému dieťaťu, o čo väčší je tento hriech?

Fyzická vražda je jasným hriechom, preto každá krajina má na ňu veľmi prísne zákony. Aj v Božích očiach je to tiež vážny hriech, preto nepriateľ diabol môže priniesť na tých, ktorí spáchali vraždu, všetky druhy skúšok a súženia. A nielen to, po smrti ich čaká krutý rozsudok, a tak by nikto nikdy nemal spáchať hriech vraždy.

Duchovná vražda, ktorá poškodzuje ducha a dušu

Boh považuje fyzickú vraždu za ukrutný hriech, ale aj duchovnú vraždu – ktorá je rovnako ukrutná – považuje za ťažký hriech. Čo presne je teda duchovná vražda?

Po prvé, duchovná vražda je to, keď človek robí niečo mimo Božiu pravdu, a to buď prostredníctvom slov, alebo skutkov, a v dôsledku toho spôsobí zakopnutie iného človeka vo viere.

Spôsobiť zakopnute inému veriacemu znamená poškodenie jeho ducha tým, že ho vzdialime od Božej pravdy.

Povedzme, že začiatočník vo viere prišiel k jednému z cirkevných vodcov po radu a spýtal sa: „Je v poriadku, ak vynechám nedeľnú bohoslužbu preto, aby som sa postaral o veľmi dôležitý obchod?" Ak mu cirkevný vodca poradí: „Keďže je to pre taký dôležitý obchod, myslím si, že je v poriadku, ak vynecháš nedeľnú bohoslužbu," potom tento vodca spôsobuje potknutie tohto začiatočníka vo viere.

Alebo povedzme, že niekto, kto má na starosti cirkevnú pokladnicu, opýta sa: „Môžem si požičať z cirkevných peňazí na osobné použitie? Za pár dní to môžem všetko vrátit späť." Ak mu cirkevný vodca odpovie: „Pokiaľ to nakoniec všetko vrátiš, nie je to problém," potom vodca ho učí niečomu, čo odporuje Božej vôli, preto poškodzuje ducha tohto spoluveriaceho človeka.

Alebo keď cirkevný vodca malej skupiny hovorí: „V tejto dobe žijeme v takom uponáhľanom svete. Akoby sme sa mohli stretávať častejšie?" A učí svojich spoluveriacich, aby cirkevné stretnutia nebrali vážne, učí ich proti Božej pravde, a preto spôsobuje zakopnutie ostatných spoluveriacich (Hebr 10, 25). Ako je napísané: *„Ak však slepý vedie slepého, obaja padnú do jamy"* (Mt 15, 14).

Preto učiť ostatných veriacich nepravdivé informácie a spôsobovať ich zakopnutie v Božej pravde je druhom duchovnej vraždy. Dávať veriacim nepravdivé informácie môže spôsobiť bezdôvodné utrpenie. To je dôvod, prečo by sa mali cirkevní vodcovia, ktorí sú v pozícii učiteľov ostatných veriacich, vrúcne pred Bohom modliť a dávať správne informácie alebo by mali otázky presmerovať na iného cirkevného vodcu, ktorý môže od Boha jednoznačne získať správnu odpoveď a veriacich rastúcich vo viere viesť správnym smerom.

Okrem toho, do kategórie duchovnej vraždy spadá aj hovoriť veci, ktoré by človek nemal hovoriť alebo hovoriť zlé slová. Povedať veci, ktoré odsudzujú alebo súdia druhých, ohováraním vytvárať synagógy satana alebo rozkol medzi ľuďmi, sú všetky príkladmi provokovania iného človeka k nenávisti alebo zlým skutkom.

Horšie je však to, keď ľudia šíria klebety o Božom služobníkovi, ako sú pastori, alebo o kostole. Tieto klebety môžu spôsobiť potknutie mnohých ľudí, a preto tí, ktorí šíria tieto klebety, budú s určitosťou pred Bohom čeliť súdu.

V niektorých prípadoch vidíme ľudí poškodzovať si vlastných duchov v dôsledku zla v ich srdciach. Príkladmi týchto druhov ľudí sú Židia, ktoré sa pokúsili zabiť Ježiša – aj keď konal v pravde – alebo Judáš Iškariotský, ktorý zradil Ježiša tým, že ho predal Židom za tridsať strieborných.

Ak sa niekto potkne po tom, čo videl nedostatky niekoho iného, ten človek by mal vedieť, že aj on má v sebe zlo. Sú chvíle, kedy sa ľudia pozerajú na nového kresťana, ktorý ešte neodhodil jeho bývalý spôsob života a povedia: „A on si hovorí, že je kresťan? Kvôli nemu už nebudem chodiť do kostola." Toto je prípad, keď spôsobia sami sebe potknutie. Nikto iný im to nespôsobil; naopak, poškodzujú samých seba v dôsledku vlastnej zloby a súdiaceho srdca.

V niektorých prípadoch môžu ľudia odpadnúť od Boha po tom, čo sa sklamú v niekom, o kom si mysleli, že je silný kresťan, vyhlasovaním, že konal v nepravde. Ak by svoj zrak upreli iba na Boha a Pána Ježiša Krista, nepotkli by sa ani by nezišli z cesty spásy.

Napríklad, sú prípady, kedy ľudia niečo podpíšu pre človeka, ktorému dôverujú a rešpektujú ho, ale z určitého dôvodu sa niečo pokazí, a ako výsledok čelia utrpeniu. V tomto prípade sú mnohí ľudia veľmi sklamaní a urazení. Ak dôjde k niečomu takému, musia si uvedomiť, že situácia iba dokazuje, že ich viera nebola pravou vierou a mali by konať pokánie za ich neposlušnosť. Oni sú tí, ktorí neposlúchli Boha, ktorý nám výslovne hovorí, aby sme sa nezaručovali za dlhy (Prís 22, 26).

Ak máte skutočne dobré srdce a pravú vieru, pri pohľade na nedostatok niekoho iného by ste sa mali za neho modliť s milosrdným srdcom a čakať na jeho premenu.

Navyše, niektorí ľudia môžu byť kameňom úrazu pre samých seba po tom, čo sa urazia počas počúvania Božieho posolstva. Ak, napríklad, pastor káže o konkrétnom hriechu, aj napriek tomu, že pastor vôbec nemal na mysli ich, nieto ešte zmieniť ich meno, pomyslia si: „Pastor hovorí o mne! Ako to mohol urobiť pred všetkými ľuďmi?" A potom z kostola odídu.

Alebo keď pastor hovorí, že desiatky patria Bohu, a že Boh

žehná tých, ktorí dávajú desiatky, niektorí ľudia sa sťažujú, že cirkev kladie príliš veľký dôraz na peniaze. A potom, keď pastor svedčí o Božej moci a jeho zázrakoch, niektorí ľudia hovoria: „To nedáva zmysel," a sťažujú sa, že posolstvá nie sú úplne v súlade s ich poznaním a vzdelaním. Toto všetko sú príklady ľudí, ktorí sa sami urazia a v srdciach si vytvárajú vlastné úskalia.

Ježiš povedal v Mt 11, 6: *„Blahoslavený je, kto sa nepohoršuje na mne"* a v Jn 11, 10 povedal: *„Ale ak niekto chodí v noci, potkýna sa, lebo v nej nieto svetla."* Ak má niekto dobré srdce a chce prijať pravdu, nepotkne sa ani od Boha neodpadne, pretože s ním bude Jeho slovo, ktoré je svetlo. Ak niekto zakopne o nejakú prekážku alebo ho niečo urazí, to len dokazuje, že je v ňom ešte stále temnota.

Samozrejme, keď sa človek ľahko urazí, je to znamenie, že je buď slabý vo viere, alebo má v srdci temnotu. Ale človek, ktorý uráža iného človeka, je tiež zodpovedný za jeho skutky. Ak človek podáva správu inému človeku, aj keď to, čo hovorí, je absolútna pravda, mal by sa snažiť o jej múdre doručenie, a to tak, že sa spojí s úrovňou viery človeka, ktorý má túto správu prijať.

Ak poviete novému kresťanovi, ktorý práve dostal dar Ducha Svätého: „Ak chceš byť spasený, prestaň piť a fajčiť," alebo „Nikdy by si nemal otvárať obchod v nedeľu," či „Ak spáchaš hriech tým, že sa prestaneš modliť, stane sa to múrom medzi tebou a Bohom, takže sa uisti, že chodíš do kostola a modlíš sa každý deň," je to ekvivalentom kŕmenia mäsom dieťa, ktoré by malo byť dojčené. Aj v prípade, že nový kresťan pod tlakom poslúchne, pravdepodobne si pomyslí: „Človeče, byť kresťanom je veľmi ťažké," a môže cítiť bremeno, a skôr alebo neskôr úplne zísť z cesty viery.

Mt 18, 7 hovorí: *„Beda svetu pre pohoršenie. Pohoršenia síce musia prísť, ale beda človeku, skrze ktorého pohoršenie prichádza."* Dokonca, aj keď poviete niečo v prospech iného človeka, ak to, čo hovoríte, spôsobí, že sa druhý človek urazí alebo odpadne od Boha, je to považované za duchovnú vraždu a vy budete určite čeliť skúškam ako odplate za tento hriech.

Preto, ak milujete Boha a milujete ostatných ľudí, mali by ste sa cvičiť v sebaovládaní s každým slovom, ktoré hovoríte, aby to, čo hovoríte, prinášalo milosť a požehnanie všetkým, ktorí vás počúvajú. Dokonca, aj keď učíte niekoho v pravde, mali by ste sa pokúsiť byť citliví a pozrieť sa na to, či to, čo hovoríte, mu nespôsobuje pocit obvinenia a ťažkosti v srdci, alebo či mu to dáva nádej a silu aplikovať výučbu na jeho živote, aby každý, koho učíte, mohol kráčať po slávnej ceste života v Kristovi Ježišovi.

Duchovná vražda nenávidenia brata

Druhý druh duchovnej vraždy je nenávidenie iného brata alebo sestry v Kristovi.

Je to napísané v 1 Jn 3, 15: „*Každý, kto nenávidí svojho brata, je vrah; a viete, že ani jeden vrah nemá v sebe večný život.*"

Je to preto, že koreňom vraždy je v podstate nenávisť. Spočiatku môže niekto nenávidieť iného človeka len v srdci. Ale keď táto nenávisť rastie, môže to spôsobiť vykonanie zlého skutku voči tomuto človeku, a nakoniec, táto nenávisť môže dokonca spôsobiť to, že spácha vraždu. Aj v prípade Kaina to všetko začalo tým, že Kain začal nenávidieť svojho brata Ábela.

To je dôvod, prečo Mt 5, 21-22 hovorí: „*Počuli ste, že otcom bolo povedané: ,Nezabiješ! Kto by však zabil, musí ísť pred súd.' Ale ja vám hovorím: Každý, kto sa hnevá na brata, musí ísť pred súd. Kto by povedal bratovi: Hlupák, musí ísť pred veľradu. Kto by povedal: Blázon, musí ísť do ohnivého pekla.*"

Keď človek v srdci nenávidí ostatných ľudí, jeho hnev môže spôsobiť boj s nimi. A ak sa niečo dobré stane človeku, ktorého nenávidí, môže začať žiarliť a súdiť, odsúdiť iného človeka a šíriť správy o jeho slabých stránkach. Môže ho oklamať a spôsobiť mu ublíženie alebo sa z nich stanú nepriatelia. Nenávidieť iného človeka a v zlobe konať voči inému človeku sú príklady duchovnej vraždy.

Keďže v časoch Starého zákona Boh ešte nezoslal Ducha Svätého, nebolo pre ľudí jednoduché obrezať si srdce a byť svätými. Ale teraz, v novozákonnej dobe, pretože do našich sŕdc môžeme dostať dar Ducha Svätého, Duch Svätý nám dáva silu, aby sme sa zbavili aj tej najhlbšej hriešnej prirodzenosti.

Duch Svätý je jedným z Božej Trojice a zastáva úlohu starostlivej matky, ktorá nás učí o srdci Boha Otca. Duch Svätý nás učí o hriechu, spravodlivosti a rozsudku, a tým nám pomáha žiť v pravde. To je dôvod, prečo dokážeme odhodiť aj púhy obraz hriechu.

To je dôvod, prečo Boh nielen hovorí jeho deťom nikdy nespáchať fyzickú vraždu, ale tiež nám hovorí, aby sme z našich sŕdc odhodili aj koreň nenávisti. Iba vtedy, keď z našich sŕdc odhodíme všetko zlo a naplníme ho láskou, môžeme skutočne prebývať v Božej láske a tešiť sa z dôkazov jeho lásky (1 Jn 4, 11-12).

Keď niekoho milujeme, nevidíme jeho chyby. A ak má tento človek nejaký nedostatok, budeme voči nemu pociťovať súcit a s nádejou v srdci ho podporovať a dávať mu silu, aby sa zmenil. Keď sme ešte boli hriešnici, Boh nám dal tento druh lásky, aby sme mohli získať spásu a ísť do neba.

Preto by sme nemali len poslúchať jeho prikázanie: „Nezabiješ," ale tiež by sme mali milovať všetkých ľudí – dokonca aj našich nepriateľov – Kristovou láskou a neustále dostávať Božie požehnanie. A ako výsledok, vojdeme do najkrajšieho miesta v nebi a budeme naveky prebývať v Božej láske.

Kapitola 8

„Nezosmilníš“

Ex 20, 14

„Nezosmilníš.“

Vrch Vezuv, ktorý sa nachádza v južnom Taliansku, bol kedysi aktívnou sopkou, z ktorej raz za čas unikali pary, ale ľudia si mysleli, že to iba prispievalo ku krásnej scenérii Pompejí.

24. augusta 79 n.l. okolo poludnia, keď pozemné otrasy postupne silneli, oblak pár vybuchol zo sopky Vezuv a pokryl oblohu nad Pompejami. S veľkým výbuchom praskol vrchol hory, vytvoril otvor a na zem sa začali hrnúť roztavené horniny a popol.

Počas niekoľkých minút zomrelo nespočetné množstvo ľudí, zatiaľ čo niektorí bežali o život do oceánu. Ale potom sa stalo to najhoršie, čo sa mohlo stať. Vietor náhle zosilnel a začal fúkať proti oceánu.

Horúčava a jedovatý plyn znova pohltili obyvateľov Pompejí, ktorí práve prežili výbuch útekom do oceánu a všetkých ich udusili.

Pompeje boli hýriacim mestom plným žiadostivosti a modiel. Posledný deň tohto mesta nám pripomína biblické mestá Sodomu a Gomoru, ktoré zažili Božie odsúdenie ohňom. Osud týchto miest je jasnou pripomienkou toho, ako veľmi Boh nenávidí žiadostivé srdcia a modloslužobníctvo. Je to jasne stanovené v Desatore prikázaní.

„Nezosmilníš"

Cudzoložstvo je sexuálna interakcia medzi mužom a

ženou, ktorí nie sú manželmi. Kedysi dávno bolo cudzoložstvo považované za veľmi nemorálny skutok. Ale čo dnes? V dôsledku vývoja počítačov a internetu majú dospelí, a dokonca aj deti, žiadostivý materiál priamo na dosah ruky.

Morálka o sexe sa v dnešnej spoločnosti stala takou opotrebovanou, že eroticky založené alebo obscénne obrazy sa objavujú v televízii, vo filmoch, a dokonca aj v detských rozprávkach. A v módnych trendoch sa stáva populárne stroho oblečené telo. V dôsledku toho sa rýchlo šíri nesprávne chápanie sexu.

Aby sme sa prepracovali k pravde tejto záležitosti, poďme si v troch častiach preštudovať význam siedmeho prikázania „Nezosmilníš.“

Cudzoložstvo v skutku

Ľudské chápanie morálnych hodnôt je dnes horšie ako kedykoľvek predtým. Dokonca do takej miery, že vo filmoch a v televíznych drámach je cudzoložstvo veľmi často zobrazené ako krásny druh lásky. A v dnešných dňoch si slobodní muži a ženy s ľahkosťou navzájom odovzdávajú telá, a dokonca majú predmanželský sex, mysliac si: „Je to v poriadku, pretože sa v budúcnosti chceme vziať.“ Dokonca aj ženatí muži a vydaté ženy otvorene priznávajú, že majú vzťah s ostatnými ľuďmi, ktorí nie sú ich partnermi. A aby toho nebolo málo, vek, v ktorom ľudia zažívajú sexuálne vzťahy, je čoraz nižší a nižší.

Keď sa pozriete na zákony, ktoré existovali, keď Mojžiš dostal Desatoro prikázaní, ľudia, ktorí spáchali skutok cudzoložstva, boli prísne potrestaní. Aj keď je Boh láska, cudzoložstvo je neprijateľne vážny hriech, čo je dôvod, prečo ho Boh jasne zakazuje.

Lv 20, 10 uvádza: „*Kto sa dopustí cudzoložstva s vydatou ženou, teda kto cudzoloží so ženou svojho blížneho, musí zomrieť – cudzoložník i cudzoložnica.*" A v časoch Nového zákona je skutok cudzoložstva považovaný za hriech, ktorý ničí telo a dušu a zabraňuje cudzoložníkovi získať spásu.

> *„Neviete vari, že nespravodliví nebudú dedičmi Božieho kráľovstva? Nemýľte sa! Ani smilníci, ani modloslužobníci, ani cudzoložníci, ani prostitúti mužov, ani ich súložníci, ani zlodeji, ani lakomci, ani opilci, ani rúhači, ani vydierači nebudú dedičmi Božieho kráľovstva*" (1 Kor 6, 9-10).

Ak nový veriaci spácha tento hriech z dôvodu neznalosti pravdy, môže získať Božiu milosť a príležitosť na pokánie za jeho hriechy. Ale ak niekto, kto má byť duchovne zrelým veriacim s poznaním Božej pravdy aj naďalej pácha tento druh hriechu, je pre neho ťažké získať dokonca aj ducha pokánia.

Lv 20, 13-16 hovorí o hriechu sexuálneho styku so zvieraťom

a o hriechu homosexuálnych vzťahov. V dnešnej dobe existujú krajiny, ktoré zákonne schvaľujú homosexuálne vzťahy; ale toto je ohavnosťou pred Bohom. Niektorí ľudia môžu na to povedať: „Časy sa zmenili," ale bez ohľadu na to, ako veľmi sa časy menia, a bez ohľadu na to, ako veľmi sa svet mení, Božie slovo, ktoré je pravda, sa nikdy nezmení. Preto, ak je niekto Božím dieťaťom, nemal by sa poškvrniť nasledovaním trendov tohto sveta.

Cudzoložstvo v mysli

Keď Boh hovorí o cudzoložstve, nehovorí len o skutku páchania cudzoložstva. Vonkajší skutok cudzoložstva je jasný prípad spáchania cudzoložstva, ale pôžitok z predstáv alebo z pozerania sa na nemorálne skutky, tiež spadá do kategórie cudzoložstva.

Žiadostivé myšlienky spôsobujú človeku žiadostivé srdce; a to je prípad spáchania cudzoložstva v srdci. Aj keď človek neurobil nič fyzickým skutkom, ak, napríklad, vidí ženu a spácha cudzoložstvo v jeho srdci, Boh, ktorý sa pozerá do hĺbky ľudských sŕdc, považuje to za rovnaké ako spáchanie fyzického cudzoložstva.

Mt 5, 27-28 hovorí: *„Počuli ste, že bolo povedané: ,Nescudzoložíš!' Ja vám však hovorím: Každý, kto sa žiadostivo pozerá na ženu, už s ňou v srdci scudzoložil."* Potom, čo do ľudskej mysle vstúpia hriešne myšlienky, putujú do jeho srdca, a nakoniec sa prejavia jeho skutkami. Až keď do srdca človeka vstúpi nenávisť, začne konať tak, aby ostatným uškodil. A až keď sa v srdci človeka nahromadí hnev, rozhnevá sa a začne preklínať.

Podobne, keď má človek v srdci žiadostivé túžby, ľahko môžu prerásť do fyzického cudzoložstva. Aj keď to nie je zjavné, ak niekto spácha cudzoložstvo v srdci, už cudzoložstvo spáchal, pretože koreň tohto hriechu je rovnaký.

Jedného dňa počas môjho prvého ročníka v školskom seminári som bol veľmi šokovaný pri počúvaní rozhovoru skupiny pastorov. Až do tej chvíle som pastorov vždy miloval a rešpektoval ich a správal som sa k nim tak, ako by som sa správal k Bohu. Ale na konci veľmi horlivej diskusie došli k záveru, že „ak to nebolo úmyselné, cudzoložstvo v srdci nie je hriech.“

Keď nám Boh dal prikázanie: „Nezosmilníš,“ nedal nám ho preto, lebo vedel, že ho dokážeme dodržiavať? Vzhľadom k tomu, že Ježiš povedal: „Hovorím vám, každý, kto sa žiadostivo pozerá na ženu, už s ňou v srdci scudzoložil,“ musíme tie žiadostivé túžby jednoducho odhodiť. Nedá sa tu povedať nič viac. Áno, môže byť ťažké to urobiť našou vlastnou ľudskou silou, ale s modlitbou a pôstom môžeme dostať silu od Boha a žiadostivosť ľahko z našich sŕdc odhodiť.

Ježiš mal na hlave tŕňovú korunu a prelial jeho krv, aby zmyl hriechy, ktoré páchame našimi myšlienkami a mysľou. Boh nám poslal Ducha Svätého, aby sme z nášho srdca mohli odhodiť hriešnu prirodzenosť. Čo konkrétne teda môžeme urobiť, aby sme z našich sŕdc vyhnali žiadostivosť?

Fázy vyháňania žiadostivosti z našich sŕdc

Povedzme, napríklad, že okolo prechádza krásna žena alebo pekný muž a vy si pomyslíte: „Och, tá je krásna," alebo „On je pekný," „Chcel by som s ňou ísť na radne," alebo „Chcela by som s ním chodiť." Len málo ľudí by považovalo tieto myšlienky za žiadostivé alebo cudzoložné. Avšak, ak niekto povie tieto slová a myslí ich vážne, potom je to znamením žiadostivosti. Za účelom odhodenia aj týchto náznakov žiadostivosti musíme prejsť procesom usilovného boja proti tomuto hriech.

Za normálnych okolností platí, že čím viac sa snažíte na niečo nemyslieť, tým viac sa to vo vašej mysli objavuje. Po zahliadnutí vo filme scény, kde muž a žena páchajú nemorálny skutok, tento obraz neopustí vašu myseľ. Namiesto toho, obraz sa neustále vo vašej mysli opakuje. V závislosti na tom, aká silná bola scéna, ktorá sa vám vryla do srdca, o to silnejšiu tendenciu má zostať vo vašej pamäti.

Čo môžeme urobiť pre odhodenie týchto žiadostivých myšlienok z našej mysle? Po prvé, musíme sa snažiť vyhnúť hrám, časopisom, a podobným veciam, v ktorých sú obrazy, ktoré nás môžu zvádzať na žiadostivé myšlienky. A keď do našej mysle vstúpi žiadostivá myšlienka, mali by sme zmeniť smer našich myšlienok. Povedzme, že do našej mysle vstúpili žiadostivé myšlienky. Namiesto toho, aby ste ich rozvíjali, mali by ste sa pokúsiť ich okamžite ukončiť.

Keď postupne zmeníte tieto druhy myšlienok na dobré, pravdivé a Bohu príjemné, a neustále sa budete modliť a prosiť o pomoc, On vám určite dá silu bojovať proti týmto druhom pokušenia. Pokiaľ ste ochotní sa modliť a modlíte sa s vášňou, zostúpi na vás Božia milosť a sila. A s pomocou Ducha Svätého dokážete tieto hriešne myšlienky odhodiť.

Ale je dôležité mať na pamäti to, že by ste nemali prestať po jednom alebo dvoch pokusoch. Musíte s vierou pokračovať v modlitbe až do trpkého konca. Môže to trvať mesiac, rok alebo aj dva, či tri roky. Ale nech už je to akokoľvek dlho, mali by ste vždy veriť v Boha a neustále sa modliť. Potom vám Boh dá silu na jednodňovú porážku a raz a navždy odhodíte zo srdca žiadostivosť.

Akonáhle prejdete fázou, kde môžete „zastaviť nesprávne myšlienky", dostanete sa do fázy, kde môžete „kontrolovať vaše srdce." Ak v tejto fáze vidíte žiadostivý obraz a v srdci sa rozhodnete, že „nechcete na to myslieť," potom do vašej mysle tá myšlienka už znova nevstúpi. Cudzoložstvo v srdci je kombináciou myšlienok a pocitov, a ak dokážete ovládať svoje myšlienky, potom hriechy, ktoré pochádzajú z týchto myšlienok, nebudú mať šancu do vášho srdca vstúpiť.

Ďalšou fázou je fáza, v ktorej sa „nesprávne myšlienky už neobjavujú." Aj keď vidíte žiadostivý obraz, vaša myseľ ním nie je ovplyvňovaná, a preto do vášho srdca nemôže žiadostivosť vstúpiť. Nasledujúcou fázou je fáza, kedy „nemôžete mať nesprávne myšlienky ani úmyselne."

Akonáhle sa dostanete do tejto fázy, aj keď sa pokúsite mať žiadostivé myšlienky, jednoducho to nebude možné. Pretože ste ten hriech už odstránili aj s koreňmi, aj keď vidíte žiadostivý obraz, nemáte o ňom žiadne myšlienky alebo pocity. To znamená, že nepravdivé – alebo bezbožné – obrazy už nemôžu do vašej mysle vstúpiť.

Samozrejme, pri prechode fázami odhadzovania tohto hriechu môže nastať situácia, keď ste si mysleli, že ste už všetko odhodili, ale nejako sa k vám hriech znova dostane.

Ale ak veríte v Božie slová, túžite dodržiavať jeho príkazy a odhodíte vaše hriechy, nebudete vo vašej viere stagnovať. Je to ako šúpanie cibule. Po odstránení jednej alebo dvoch vrstiev sa môže zdať, že vrstvy nikdy neskončia, ale len o niekoľko vrstiev neskôr si uvedomíte, že ste odstránili všetky vrstvy.

Veriaci, ktorí sa pozerajú do svojho srdca s vierou, nie sú sklamaní, mysliac si: „Tak veľmi som sa snažil, ale stále nie som schopný odhodiť túto hriešnu prirodzenosť." Naopak, mali by mať vieru, že sa zmenia do tej miery, do akej sa snažia odhodiť hriechy. A s týmto na pamäti by sa mali snažiť ešte viac. Ak si uvedomíte, že ešte máte v sebe hriešnu prirodzenosť, mali by ste byť radšej vďační, že teraz máte možnosť sa jej zbaviť.

Ak pri prechode fázami odhadzovania žiadostivosti z vášho života vstúpi na sekundu do vašej mysle žiadostivá myšlienka, netrápte sa. Boh to nebude považovať za cudzoložstvo. Ak budete v tej myšlienke zotrvávať a necháte ju rozvíjať sa, potom sa to stane veľkým hriechom. Ale ak ihneď konáte pokánie a pokračujete vo vašom úsilí posvätiť sa, Boh sa na vás bude milostivo pozerať a dá vám silu nad hriechom zvíťaziť.

Spáchanie duchovného cudzoložstva

Spáchanie cudzoložstva telom je vysvetlené ako spáchanie cudzoložstva v tele, ale oveľa vážnejšie ako spáchanie fyzického cudzoložstva je duchovné cudzoložstvo. „Duchovné cudzoložstvo" nastáva vtedy, keď človek tvrdí, že je veriaci, a napriek tomu miluje svet viac ako Boha. Ak sa nad tým zamyslíte, zistíte, že hlavný dôvod, prečo človek pácha fyzické cudzoložstvo, je to, že v srdci miluje telesné potešenie viac ako Boha.

Kol 3, 5-6 hovorí: „*Umŕtvujte teda to, čo je vo vašich údoch pozemské: smilstvo, nečistotu, vášeň, zlú žiadostivosť a lakomstvo, ktoré je modloslužbou. Pre tieto veci prichádza Boží hnev na neposlušných synov.*" To znamená, že aj keď sme prijali Ducha Svätého, zažili Božie zázraky a máme vieru, ak z našich sŕdc neodhodíme nenásytnosť a nepatričné túžby, potom sme náchylní k milovaniu vecí tohto sveta viac ako Boha.

Z druhého prikázania sme sa naučili, že duchovný význam modloslužobníctva je milovať niečo viac ako Boha. Aký je teda rozdiel medzi „duchovným modloslužobníctvom" a „duchovným cudzoložstvom"?

Modloslužobníctvo je to, keď si ľudia, ktorí nepoznajú Boha, vytvoria nejaký obrázok a uctievajú ho. Duchovný význam „modloslužobníctva" je to, keď veriaci so slabou vierou milujú svetské veci viac ako Boha.

Keďže niektorí noví veriaci majú ešte stále slabú vieru, je možné, že milujú svet viac ako Boha. Môžu mať takéto otázky: „Boh skutočne existuje?" alebo „Existuje skutočne nebo a peklo?" Vzhľadom k tomu, že aj naďalej majú pochybnosti, je pre nich ťažké žiť podľa Slova. Môžu aj naďalej milovať peniaze, slávu alebo ich rodinu viac ako Boha, a tým páchať duchovné modloslužobníctvo.

Avšak, keď viac a viac počúvajú slovo, modlia sa a dostávajú Božie odpovede na ich modlitby, začnú si uvedomovať, že Biblia je pravdivá. A potom môžu veriť, že nebo a peklo skutočne existujú. Následne si uvedomia dôvod, prečo skutočne potrebujú v prvom rade milovať Boha. Ak ich viera takto rastie a oni aj naďalej milujú a hľadajú svetské veci, potom sa dopúšťajú „duchovného cudzoložstva."

Povedzme, napríklad, že je tu muž, ktorý mal jednoduchú myšlienku: „Bolo by pekné vziať si tú ženu za manželku," ale tá žena by sa vydala za niekoho iného. V tomto prípade nemôžeme povedať, že sa tá žena dopustila cudzoložstva. Vzhľadom k tomu, že muž, ktorý mal túto myšlienku, bol jednoducho zamilovaný a tá žena nemala s týmto mužom žiadny vzťah, nemôžeme povedať, že sa dopustila cudzoložstva. Presnejšie, táto žena bola v mužovom srdci len modlou.

Naopak, v prípade, že muž a žena boli pár, vyznali si navzájom lásku, zosobášili sa, a potom mala jeho manželka nemorálny vzťah s iným mužom, bolo by to považované za cudzoložstvo. Takže môžete vidieť, že duchovné modloslužobníctvo a spáchanie duchovného cudzoložstva sú zdanlivo rovnaké, ale v skutočnosti sú to dve veľmi odlišné veci.

Vzťah medzi Izraelitmi a Bohom

Biblia prirovnáva vzťah medzi Izraelitmi a Bohom ku vzťahu medzi otcom a jeho deťmi. Tento vzťah je tiež prirovnávaný ku vzťahu medzi mužom a ženou. Je to preto, že ich vzťah je ako vzťah páru, ktorý spečatil zmluvu lásky. Avšak, keď sa pozriete na históriu Izraela, je tam veľa udalostí, kedy izraelský ľud zabudol na túto zmluvu a uctieval cudzích bohov.

Pohania uctievali modly, pretože Boha nepoznali, ale Izraeliti, a to aj napriek skutočnosti, že už od začiatku Boha tak dobre poznali, uctievali cudzie modly v dôsledku vlastných sebeckých túžob.

To je dôvod, prečo 1 Krn 5, 25 hovorí: „*Spreneverili sa však Bohu svojich otcov a dopúšťali sa smilstva s božstvami národov zeme, ktoré Boh pred nimi vyhladil,*" čo znamená, že „modloslužobníctvo" Izraelitov bolo v skutočnosti duchovným cudzoložstvom.

Jer 3, 8 hovorí: „*Videla, že som odohnal preč izraelskú odpadlíčku, pretože cudzoložila, a dal som jej prepúšťací list, no judská nevernica, jej sestra, sa nebála, šla a smilnila aj ona.*" V dôsledku Šalamúnovho hriechu počas vlády jeho syna Racheboáma bol Izrael rozdelený na severný Izrael a južné Judsko. Krátko po tomto rozdelení severný Izrael spáchal modloslužobníctvom duchovné cudzoložstvo, a ako výsledok bol Bohom odvrhnutý a zničený jeho hnevom. Neskôr aj južné Judsko, a to aj po tom, čo videli všetko, čo sa stalo v severnom Izraeli, namiesto pokánia pokračovali v modloslužobníctve.

Všetky Božie deti, ktoré žijú teraz v dobe Nového zákona, sú nevestami Ježiša Krista. To je dôvod, prečo apoštol Pavol vyznal, že tvrdo pracoval na príprave veriacich na stretnutie s Pánom ako čistých neviest pre Krista, ktorý je ich manželom (2 Kor 11, 2).

A tak, ak veriaci nazýva Pána „môj Ženích", zatiaľ čo aj naďalej miluje svet a žije ďaleko od pravdy, potom sa dopúšťa duchovného cudzoložstva (Jak 4, 4). Ak manžel alebo manželka zrádza jeho manžela / manželku a pácha fyzické cudzoložstvo, je to hrozný hriech, ktorý je ťažké odpustiť. Ak niekto zradí Boha a Pána a dopustí sa duchovného cudzoložstva, o koľko horší je jeho hriech!

V Jer 11 vidíme, že Boh hovorí Jeremiášovi, aby sa nemodlil za Izrael, pretože Izraeliti odmietli prestať páchať duchovné cudzoložstvo. Dokonca pokračuje slovami, že aj keď k nemu budú Izraeliti volať, nevyslyší ich.

Preto, ak závažnosť duchovného cudzoložstva dosiahne určitý bod, človek, ktorý ho spáchal, už nebude môcť počuť hlas Ducha Svätého; a bez ohľadu na to, ako veľmi sa modlí, jeho modlitba nebude vyslyšaná. Keď sa človek vzdiaľuje od Boha, stane sa viac svetským človekom, a tak bude páchať závažnejšie hriechy, ktoré vedú k smrti – hriechy, ako je fyzické cudzoložstvo. Ako je zaznamenané v Hebr 6 a Hebr 10, je to ako znova ukrižovať Ježiša Krista, a preto je to cesta smrti.

Preto odhoďme hriechy cudzoložstva v duchu, mysli a tele, a svätým konaním dosiahnime kvalifikáciu stať sa Pánovou nevestou – bez poškvrny a bez úhony – vedením požehnaného života, ktorý do Otcovho srdca prináša radosť.

Kapitola 9

„Nepokradneš"

Ex 20, 15

„Nepokradneš."

Dodržiavanie Desatora prikázaní priamo ovplyvňuje našu spásu a schopnosť prekonať nepriateľa diabla a satana a zvíťaziť a vládnuť nad jeho mocou. Pre Izraelitov ich dodržiavanie alebo nedodržiavanie Desatora prikázaní určovalo, či boli Božími vyvolenými, alebo nie.

Rovnako to platí aj pre nás, ktorí sme sa stali Božími deťmi, naša poslušnosť alebo neposlušnosť k Božím slovám určuje, či budeme spasení, alebo nie. Dôvodom je to, že naša poslušnosť k Božím príkazom vytvára štandard pre našu vieru. A preto poslušnosť k Desatoru prikázaní je viazaná na našu spásu a tieto prikázania sú tiež Božou odmenou lásky a požehnania pre nás.

„Nepokradneš"

Existuje staré kórejské príslovie, ktoré hovorí: „Zo zlodeja ihly sa stane zlodej kravy." To znamená, že ak niekto spácha menej závažný trestný čin a zostane nepotrestaný a bude pokračovať v zlých skutkoch, čoskoro môže spáchať oveľa vážnejší trestný čin, ktorý bude mať veľké a negatívne dôsledky. To je dôvod, prečo nás Boh varuje: „Nepokradneš."

Toto je príbeh muža menom Fu Pu-ch'i, ktorý bol nazývaný „Tze-Tsien" alebo „Tzu-chien" a bol jedným z učeníkov Konfúcia a veliteľom Tan-fu v štáte Lu počas čínskeho obdobia Chunqiu (jar a jeseň) a obdobia bojujúcich štátov. Prišla správa, že vojaci zo susedného štátu Qi sa chystali zaútočiť a Fu Pu-ch'i nariadil pevne zatvoriť brány kráľovstva.

Bol práve čas zberu a plodiny vo farmárskych oblastiach boli zrelé na zber. Ľudia sa pýtali: „Môžeme zozbierať úrodu z polí predtým, ako sa brány zatvoria a dorazí nepriateľ?" Ale Fu Pu-ch'i nechal brány zatvoriť bez ohľadu na požiadavku ľudu. Potom ľudia začali Fu Pu-ch'iho nenávidieť, vyhlasovali, že nadržiaval nepriateľovi, a tak bol povolaný pred kráľa na vyšetrovanie. Keď sa ho kráľ opýtal na jeho skutky, Fu Pu-ch'i odpovedal: „Áno, bude to pre nás veľká strata, ak naši nepriatelia vezmú všetky naše plodiny, ale ak si naši ľudia zvyknú v zhone zbierať plodiny z polí, ktoré im nepatria, bude ťažké zbaviť ich tohto zvyku aj po desiatich rokoch." S týmto vyhlásením si Fu Pu-ch'i získal od kráľa veľký rešpekt a obdiv.

Fu Pu-ch'i mohol nechať ľudí zbierať plodiny, ako žiadali, ale ak by sa naučili nejako ospravedlniť ich skutok krádeže z poľa niekoho iného, potom by trvalé následky mohli byť dlhodobo škodlivé pre ľudí a ich kráľovstvo. Takže „krádež" predstavuje nesprávnu manipuláciu niečoho s nesprávnou motiváciou; alebo brať niečo, čo človeku nepatrí, alebo tajne vziať majetok niekoho iného.

Ale „krádež", o ktorej Boh hovorí, má hlbší a rozsiahlejší duchovný význam. Čo je teda zahrnuté vo význame slova „krádež" v ôsmom prikázaní?

Vziať majetok niekoho iného: fyzická definícia krádeže

Biblia výslovne zakazuje kradnúť a dáva konkrétne pravidlá, čo je potrebné urobiť, keď niekto kradne (Ex 22).

Ak je ukradnuté zviera nájdené nažive vo vlastníctve zlodeja, zlodej musí vrátiť majiteľovi dvojnásobnú sumu toho, čo ukradol. Ak človek ukradne zviera a zabije ho alebo predá, musí majiteľovi zaplatiť päťnásobnú hodnotu vola a štvornásobnú hodnotu ovce. Bez ohľadu na to, aká malá je položka, zobrať majetok niekoho iného je krádež, ktorú dokonca aj spoločnosť označuje za trestný čin, a za ktorú existujú konkrétne tresty.

Okrem zrejmých prípadov krádeže existujú aj prípady, keď ľudia mohli kradnúť tým, že boli ľahostajní. Napríklad, v našom každodennom živote môžeme zo zvyku bez opýtania a bez väčšieho premýšľania používať veci iných ľudí. Nemusíme mať previnilý pocit z použitia danej veci bez dovolenia, pretože sme si buď s daným človekom blízki, alebo vec, ktorú používame, nie je veľmi cenná.

Je to rovnaký prípad, ako keď bez dovolenia používame veci nášho manžela alebo manželky. Ak hoci v nevyhnutnej situácii použijeme bez dovolenia vec, ktorá patrí niekomu inému, akonáhle skončíme s jej používaním, mali by sme ju ihneď vrátiť. Avšak, častokrát ju vôbec nevrátime.

Toto spôsobuje nielen stratu nejakému človeku; je to skutok neúcty voči tomuto človeku. I keď to nemusí byť považované za závažný trestný čin v súlade so zákonmi spoločnosti, v Božích očiach je to považované za krádež. Ak má niekto skutočne čisté svedomie a vezme niečo – bez ohľadu na to, aké malé alebo bezcenné – od niekoho bez dovolenia, bude sa cítiť previnilo.

Aj keď nebudeme kradnúť alebo brať niečo násilím, ak získame veci, ktoré patria niekomu inému, nesprávnym spôsobom, je to stále považované za krádež. Použitie postavenia alebo moci človeka na získanie úplatku tiež spadá do tejto kategórie. Ex 23, 8 nás varuje: „*Neprijmi úplatok, lebo úplatok zaslepuje aj tých, čo majú otvorené oči, a prekrúca slová spravodlivých.*"

Obchodníci s dobrým srdcom sa budú cítiť previnilo, keď predražia ceny pre svojich zákazníkov, aby dosiahli vyšší zisk. Aj keď tajne neukradli majetok niekoho iného, tento skutok je stále považovaný za krádež, pretože zobrali viac, ako bol ich spravodlivý podiel.

Duchovná krádež: Vziať to, čo patrí Bohu

Okrem „krádeže", kedy beriete od iného človeka bez dovolenia, je tu aj „duchovná krádež", kedy bez dovolenia beriete od Boha. To skutočne môže ovplyvniť spásu človeka.

Judáš Iškariotský, jeden z Ježišových učeníkov, bol

zodpovedný za všetky obetné dary, ktoré ľudia dávali po ich uzdravení alebo požehnaní Ježišom. Ale s postupom času do jeho srdca vstúpila chamtivosť a začal kradnúť (Jn 12, 6).

V Jn 12, kde Ježiš navštívil Šimonov dom v Betánii, narazíme na scénu, kde k Ježišovi príde žena a vyleje na neho parfém. Keď to uvidel Judáš, pokarhal ju otázkou, prečo sa parfém nepredal a peniaze sa nerozdali chudobným. Keby sa drahý parfém predal, potom by on – ako strážca pokladnice – mohol zobrať tie peniaze, ale pretože to bolo vyliate na Ježišove nohy, mal pocit, že taká zisková vec vyšla navnivoč.

Nakoniec, Judáš, ktorý sa stal otrokom peňazí, predal Ježiša za tridsať strieborných. Hoci mal príležitosť získať slávu, pretože bol jedným z Ježišových učeníkov, namiesto toho ukradol od Boha a predal svojho učiteľa, hromadiac si hriechy. Bohužiaľ, predtým, ako si vzal vlastný život a postihol ho biedny koniec, nemohol dostať ani ducha pokánia (Sk 1,18).

To je dôvod, prečo sa musíme pozrieť bližšie na to, čo sa stane, keď človek ukradne od Boha.

Prvým prípadom je to, keď niekto položí ruku na cirkevnú pokladnicu.

Aj v prípade, že zlodej je neveriaci, ak ukradne z kostola, bude v srdci pociťovať určitý strach. Ale ak veriaci položí ruku na Božie peniaze, ako by mohol vôbec povedať, že má vieru na získanie spásy?

Dokonca, aj keď to ľudia nikdy nezistia, Boh vidí všetko, a až nadíde čas súdu jeho spravodlivosti, zlodej bude musieť zaplatiť pokutu za jeho hriech. V prípade, že zlodej nie je schopný konať pokánie z jeho hriechov a zomrie bez toho, aby získal spásu, bude to veľmi hrozné. Vtedy, bez ohľadu na to, ako veľmi sa bije do pŕs a ľutuje svoje skutky, bude už príliš neskoro. Vôbec sa Božích peňazí nemal dotknúť.

Druhým prípadom je to, keď niekto zneužíva cirkevné veci alebo cirkevné peniaze.

Aj keď človek priamo neukradol obetné dary, ak používa peniaze nazbierané z nejakých členských poplatkov misijných spoločenstviev alebo iné dary na osobnú potrebu, je to to isté ako kradnúť od Boha. Krádežou je aj to, ak niekto kúpi kancelárske alebo písacie potreby z kostolných peňazí a používa ich pre osobnú potrebu.

Plytvanie cirkevným materiálom, používanie cirkevných finančných prostriedkov na nákup spotrebného materiálu a používanie zvyšných peňazí na iné účely, namiesto vrátenia do cirkevnej pokladnice, alebo používanie kostolného telefónu, elektriny, zariadenia, nábytku alebo iných vecí pre osobnú potrebu bez uváženia, sú tiež formami nesprávnej manipulácie s cirkevnými peniazmi.

Musíme sa tiež uistiť, že deti zo zábavy alebo kvôli hre neskladajú ani netrhajú obálky s desiatkami, kostolné vestníky alebo noviny. Niektorí ľudia si môžu myslieť, že toto všetko sú nepodstatné či bezvýznamné priestupky, ale na duchovnej úrovni je to v podstate kradnutie od Boha, a tieto skutky sa môžu stať múrmi hriechu medzi nami a Bohom.

Tretím prípadom je kradnutie desiatkov a obetných darov.

V Mal 3, 8-9 je napísané: *„Smie človek okrádať Boha? Vy ma okrádate. Pýtate sa: ,O čo ťa okrádame?' O desiatky a pozdvihované obetné dary. Preto vás stíha kliatba, lebo ma okrádate, celý tento národ.“*

Desiatok znamená dávať Bohu desatinu našich príjmov ako dôkaz, že sme pochopili, že On je Pánom nad všetkými hmotnými vecami a dohliada na život každého človeka. To je dôvod, prečo, keď hovoríme, že veríme v Boha, a napriek tomu nedávame desiatky, kradneme od Boha, a preto sa do našich životov môže vkradnúť prekliatie. To neznamená, že Boh nás bude preklínať. To znamená, že keď nás satan obviní z tohto previnenia, Boh nás nemôže ochrániť, pretože v skutočnosti sme porušili duchovný zákon Boha. Preto môžeme čeliť finančným problémom, pokušeniu, náhlej katastrofe alebo chorobe.

Ale ako je napísané v Mal 3, 10: *„Prinášajte celé desiatky do zásobárne. Keď bude potrava v mojom dome, potom ma vyskúšajte – vraví Pán zástupov – či vám neotvorím okná* *nebies a nevylejem na vás nadmieru požehnania. A bude po nedostatku.*" Keď dávame správne desiatky, môžeme získať prisľúbené Božie požehnania a ochranu.

Sú tu však ľudia, ktorí nedostávajú Božiu ochranu, pretože nedávajú celé desiatky. Neberú do úvahy ďalšie zdroje príjmov a počítajú desiatky z ich čistého platu, namiesto ich hrubej mzdy, to znamená po odpočítaní všetkých zrážok zo mzdy a daní.

Ale správny desiatok znamená dávať Bohu desatinu našich celkových príjmov. Príjmy z vedľajšej činnosti, peňažné dary, pozvánky na večeru alebo iné dary sú všetky osobnými ziskami, takže by sme mali vypočítať jednu desatinu hodnoty z týchto druhov príjmov a oddeliť z nich správne desiatky.

V niektorých prípadoch ľudia správne počítajú desiatky, ale ponúkajú ich Bohu ako iný druh obetného daru, ako sú obetné dary misionárom alebo dary z dobrej vôle. Ale aj to je považované za kradnutie od Boha, pretože to nie je správny desiatok. Ako kostol používa obetné dary, je na finančnom oddelení kostola, ale je na nás, aby sme naše desiatky dávali pod správnym titulom.

Môžeme dávať aj iné obetné dary ako dary vďakyvzdania. Božie deti majú toho veľa, za čo majú byť vďačné. S darom spásy môžeme ísť do neba, s rôznymi povinnosťami v kostole si môžeme hromadiť odmeny v nebi a počas života tu na zemi dostávame Božiu ochranu a požehnanie za všetkých okolností, tak ako by sme nemali byť vďační!

To je dôvod, prečo každú nedeľu prichádzame pred Boha s rôznymi darmi vďakyvzdania, ďakujúc Bohu za ochranu počas ďalšieho týždňa. A počas biblických slávností alebo príležitostí, kedy máme osobitný dôvod ďakovať Bohu, prinášame špeciálny obetný dar a ponúkame ho Bohu.

Keď nám v našom vzťahu s ostatnými ľuďmi niekto pomáha alebo slúži nám osobitným spôsobom, nie sme vďační len v našich srdciach; chceme mu za to niečo dať. A rovnako, je len prirodzené chcieť ponúknuť niečo Bohu, aby sme mu ukázali našu vďačnosť za to, že nám dal spásu a pripravuje pre nás nebo (Mt 6, 21).

Ak niekto hovorí, že má vieru, a napriek tomu je lakomý v dávaní Bohu, znamená to, že je v ňom ešte stále túžba po hmotných veciach. To dokazuje, že miluje hmotné veci viac ako Boha. To je dôvod, prečo Mt 6, 24 hovorí: *„Nikto nemôže slúžiť dvom pánom. Buď jedného bude nenávidieť a druhého milovať, alebo k jednému bude lipnúť a druhým pohŕdať. Nemôžete slúžiť Bohu i mamone.“*

Ak sme zrelými kresťanmi, a napriek tomu milujeme hmotný majetok viac ako Boha, potom je pre nás oveľa jednoduchšie v našej viere padnúť, ako napredovať. Milosť, ktorú sme kedysi dostali, stáva sa len spomienkou, dôvody byť vďační sa strácajú a predtým, ako sa nazdáme, naša viera sa zmenší do tej miery, že naša spása bude v ohrození.

Boha potešuje vôňa obetného daru pravého vďakyvzdania a viery. Každý človek má inú mieru viery a Boh pozná situáciu a vnútorné srdce každého človeka. Preto mu nezáleží na veľkosti alebo množstve obetných darov. Pamätajte si, ako Ježiš pochválil vdovu, ktorá ponúkla dve veľmi malé medené mince, ktoré boli všetkým, čo mala na živobytie (Lk 21, 2-4).

Keď takto potešujeme Boha, Boh nás požehná mnohými požehnaniami a dôvodmi, prečo byť vďační, aby tak boli naše obetné dary neporovnateľné s požehnaním, ktoré od neho dostaneme. Boh zaisťuje, že naša duša prosperuje a žehná nás, aby naše životy pretekali ešte väčším množstvom dôvodov, prečo byť vďační. Boh nám žehná tridsať, šesťdesiat a stonásobne viac, ako sú obetné dary, ktoré mu prinášame.

Keď som sa po prijatí Krista dozvedel, že by sme mali Bohu dávať správne desiatky a obetné dary, ihneď som poslúchol. V priebehu siedmich rokov, kedy som bol v dôsledku choroby pripútaný na lôžko, mi narástlo veľa dlhov, ale pretože som bol veľmi vďačný za to, že ma Boh uzdravil zo všetkých chorôb, vždy som Bohu ponúkol toľko, koľko som mohol. Aj keď sme pracovali obaja, moja žena aj ja, sotva to stačilo na splácanie úrokov z nášho dlhu. Avšak, nikdy sme neprišli uctievať s prázdnymi rukami.

Keď sme verili vo všemohúceho Boha a poslúchali Jeho slovo, pomohol nám splatiť náš ohromujúci dlh v priebehu niekoľkých mesiacov. A zažili sme nekonečné požehnania, ktoré na nás Boh vylial, aby sme mohli žiť v plnosti.

Štvrtým prípadom je kradnutie Božích slov.

Kradnúť Božie slová znamená vydávať falošné proroctvá v Božom mene (Jer 23, 30-32). Napríklad, sú ľudia, ktorí kradnú Jeho slová tým, že hovoria, že počuli Boží hlas a rozprávajú o budúcnosti, ako sú veštci, alebo povedia človeku, ktorého podnik krachuje: „Boh spôsobil, že tvoja firma nie je úspešná, pretože si sa namiesto vedenia podniku mal stať pastorom."

Ak má niekto sen alebo videnie pochádzajúce z jeho vlastných myšlienok a hovorí: „Boh mi dal tento sen," alebo „Boh mi dal toto videnie," aj to je považované za kradnutie Božieho slova. Zároveň to spadá do kategórie zneužívania Božieho mena.

Samozrejme, chápanie Božej vôle skrze pôsobenie Ducha Svätého a hlásanie Božej vôle je dobré, ale aby sme to robili správne, musíme skontrolovať, či nás Bohom prijíma. Dôvodom je to, že Boh nerozpráva s hocikým. On hovorí iba k tým, ktorí nemajú v ich srdciach zlo. To je dôvod, prečo sa musíme uistiť, že nijakým spôsobom nekradneme Božie slová, keď sme ponorení do vlastných myšlienok.

Okrem toho, ak máme niekedy výčitky svedomia, pocity hanby alebo rozpaky, keď vezmeme alebo urobíme niečo, je to znamenie, že by sme sa mali skontrolovať. Dôvodom, prečo máme výčitky svedomia, je to, že sme mohli vziať niečo, čo nám nepatrí, pre naše vlastné sebecké motívy a Duch Svätý v nás smúti.

Napríklad, aj keď neukradneme nijaký predmet, ak budeme dostávať mzdu po lenivej práci, alebo ak dostaneme povinnosť alebo úlohu v kostole, ale nebudeme si tieto povinnosti plniť, za predpokladu, že máme dobré srdce, mali by sme pociťovať výčitky svedomia.

Zároveň, ak človek oddaný Bohu márni čas, ktorý je vyhradený pre Boha a spôsobuje stratu času pre Božie kráľovstvo, kradne čas. Nielen vo vzťahu k Bohu, ale aj v práci alebo neformálnych stretnutiach sa musíme uistiť, že sme presní, aby sme nespôsobili stratu ostatným ľuďom mrhaním ich časom.

Preto by sme mali vždy skontrolovať samých seba, aby sme sa ubezpečili, že v žiadnom prípade nepáchame hriech krádeže, a z našej mysle a srdca odhodiť sebeckosť a chamtivosť. A s čistým svedomím by sme sa mali pred Bohom usilovať o dosiahnutie pravého a úprimného srdca.

Kapitola 10

„Nepreriekneš krivého svedectva proti blížnemu svojmu“

Ex 20, 16

„Nepreriekneš krivého svedectva proti blížnemu svojmu."

Bola to noc, keď bol Ježiš zatknutý. Peter sedel vonku na dvore, kde bol Ježiš vypočúvaný, keď mu slúžka povedala: „Aj ty si bol s Ježišom Galilejským." Na to prekvapený Peter odpovedal: „Neviem, o čom hovoríš" (Mt 26).

Peter nezaprel Ježiša skutočne z hĺbky srdca – klamal v dôsledku náhleho strachu. Hneď po tomto incidente Peter vyšiel von, udrel hlavou o zem a horko zaplakal. Potom, keď Ježiš niesol kríž na Golgotu, Peter ho nasledoval len z diaľky, zahanbený nedokázal ani zdvihnúť hlavu.

Aj keď sa to všetko stalo predtým, ako Peter dostal dar Ducha Svätého, v dôsledku tohto klamstva sa neodvážil byť ukrižovaný v rovnakej pozícii ako Ježiš. Aj po získaní daru Ducha Svätého a venovaní celého života službe Ježišovi, veľmi sa hanbil za to, že Ježiša zaprel, a nakoniec sa rozhodol byť ukrižovaný dole hlavou.

„Nepreriekneš krivého svedectva proti blížnemu svojmu"

Niektoré zo slov, ktoré ľudia denne vyslovia, sú veľmi dôležité, zatiaľ čo ostatné slová sú bezvýznamné. Niektoré slová sú bezvýznamné a niektoré slová sú zlé, ktoré buď ubližujú iným ľuďom, alebo ich klamú.

Klamstvá sú zlé slová, ktoré sú vzdialené od pravdy. Aj keď to ľudia nepriznajú, mnohí denne vyslovia nespočetné množstvo klamstiev, veľkých i malých. Niektorí ľudia hrdo hovoria: „Ja neklamem," ale predtým, ako si to uvedomia, už stoja na vrchole hory klamstiev.

Nečistota, špina a neporiadok môžu zostať v tme skryté. Ak však miestnosť osvieti jasné svetlo, jasne vynikne aj tá najmenšia smietka prachu alebo škvrna. Podobne, Boh, ktorý je pravda sama, je ako svetlo; a vidí, ako veľa ľudí neustále klame.

To je dôvod, prečo nám v deviatom prikázaní Boh hovorí, aby sme nepodávali krivé svedectvo proti blížnemu. Tu „blížny" predstavuje rodičov, bratov, deti – každého okrem seba samého. Teraz sa v troch častiach pozrieme sa na to, ako Boh definuje „krivé svedectvo."

Po prvé, „podávať krivé svedectvo" znamená rozprávať o blížnom nepravdivo.

Môžeme vidieť, aké ukrutné môže byť krivé svedectvo, napríklad, keď pozorujeme súdne pojednávania. Vzhľadom k tomu, že svedectvo svedka priamo ovplyvňuje konečný rozsudok, aj tá najmenšia nepravda môže nevinnému človeku spôsobiť veľké nešťastie a situácia sa pre neho môže stať otázkou života a smrti.

Aby sa zabránilo zneužívaniu lavice svedkov alebo zlému návyku krivých svedectiev, Boh prikázal, aby sudcovia vypočúvali mnoho rôznych svedkov, aby správne pochopili všetky aspekty prípadu, a mohli tak robiť múdre a diskrétne rozhodnutia. To je dôvod, prečo nariadil tým, ktorí svedčia a tým, ktorí súdia, aby tak konali s obozretnosťou a opatrnosťou.

V Dt 19, 15 Boh hovorí: *„Jediný svedok nestačí usvedčiť niekoho z nejakej viny či nejakého hriechu, ktorého sa mohol dopustiť. Súdny výrok bude platný len na základe výpovedí dvoch alebo troch svedkov."* Vo veršoch 16-20 ďalej hovorí: *„Ak svedok falošne vypovedal proti svojmu bratovi,"* potom by mal dostať trest, ktorý chcel uvaliť na jeho spolubrata.

Okrem závažných prípadov, ako je tento, keď jeden človek spôsobuje veľkú stratu inému človeku, existuje mnoho ďalších prípadov, keď ľudia v každodennom živote tu a tam rozprávajú malé klamstvá o svojich blížnych. Aj keď človek nemusí klamať o svojom blížnom, ak nepovie pravdu v situácii, kedy by mal povedať pravdu na obranu jeho blížneho, tiež to môže byť považované za krivé svedectvo.

Ak je niekto iný obvinený z niečoho, čo sme spáchali my a my neprehovoríme zo strachu, že sa sami dostaneme do problémov, ako potom môžeme mať čisté svedomie? Áno, Boh nám prikazuje neklamať, ale On nám tiež prikazuje mať úprimné srdce, aby naše slová a skutky odrážali čestnosť a pravdu.

Čo si vlastne Boh myslí o „malých bielych klamstvách", ktoré rozprávame na utešenie niekoho iného, alebo aby sa niekto iný cítil lepšie?

Napríklad, môžeme byť na návšteve u kamaráta a on sa nás

opýta: „Jedol si už?" A aj keď sme ešte nejedli, odpovieme: „Áno, už som jedol," aby sme ho neobťažovali. Avšak, aj v tomto prípade by sme mali stále hovoriť pravdu slovami: „Nie, ešte som nejedol, ale práve teraz jesť nechcem."

Dokonca aj v Biblii sú príklady „malých bielych klamstiev.

V Ex 1 je scéna, kde bol egyptský kráľ nervózny, pretože synovia Izraela sa rozrástli do veľkého počtu a hebrejským pôrodným babiciam stanovil osobitný príkaz. Povedal im: *„Keď budete pomáhať pri pôrode hebrejským ženám, dajte pozor na pohlavie: Ak je to chlapec, usmrťte ho, ak dievča, nechajte ho nažive!"* (v 16).

Ale bohabojné hebrejské pôrodné babice neposlúchli kráľa Egypta a nechávali chlapcov nažive. Keď si kráľ zavolal babice a opýtal sa ich: „Prečo ste to urobili a nechali chlapcov nažive?" Odpovedali mu: „Pretože hebrejské ženy nie sú ako egyptské ženy; sú plné života a porodia skôr, ako k nim príde pôrodná babica."

A taktiež, keď prvý izraelský kráľ, kráľ Šaul, začal žiarliť na Dávida a pokúsil sa ho zabiť, pretože bol ľuďmi milovaný viac ako on sám, Jonatán, Šaulov syn, Šaula oklamal, aby zachránil Dávidov život.

Ak ľudia klamú výhradne v prospech iného človeka, skutočne z dobrej vôle a nie pre vlastné sebecké záujmy, Boh ich automaticky nepotrestá a nepovie: „Klamal si." Rovnako ako to urobil s hebrejskými pôrodnými babicami, ukázal im jeho milosť, pretože sa s dobrými úmyslami snažili zachrániť životy. Avšak, keď ľudia dosiahnu úroveň úplného dobra, budú sa môcť dotknúť srdca protivníka alebo človeka, s ktorým pracujú bez toho, aby museli povedať „malé biele klamstvo."

Po druhé, pridávanie alebo odoberanie slov pri odovzdávaní odkazu je ďalšou formou krivého svedectva.

Toto je prípad, kedy odovzdávate správu o niekom takým spôsobom, že prekrútite pravdu – možno preto, že ste k nej pridali vlastné myšlienky a pocity alebo vynechali určité slová. Keď ľuďom niekto niečo povie, väčšina z nich počúva so subjektívnymi ušami, preto to, ako vnímajú informácie, značne závisí na ich vlastných pocitoch a minulých skúsenostiach. To je dôvod, prečo sa pri kolovaní určitej informácie od jedného človeka k druhému pôvodná, zamýšľaná podstata správy môže ľahko stratiť.

Ale aj keď je každé slovo – interpunkcia a všetko ostatné – odovzdané úplne presne, v závislosti na intonácii a dôraze na niektoré slová sa význam nevyhnutne zmení. Napríklad, je veľký rozdiel medzi tým, keď sa niekto láskyplne pýta svojho priateľa: „Prečo?" a tým, keď niekto s krutým výrazom v tvári na svojho nepriateľa kričí: „Prečo?!"

To je dôvod, prečo vždy, keď niekoho počúvame, musíme

sa snažiť pochopiť, čo hovorí, bez toho, aby sme k jeho správe pridávali vlastné pocity. Rovnaké pravidlo platí, keď sa rozprávame s ostatnými. Zo všetkých síl by sme sa mali snažiť presne odovzdávať pôvodnú správu hovorcu – jeho zamýšľaný význam a všetko, čo k tomu patrí.

Okrem toho, ak je obsah správy nepravdivý alebo nie je nutne pre poslucháča užitočný, aj keď môžeme správu presne odovzdať, je lepšie, keď správu vôbec neodovzdáme. Je to preto, že aj keď ju odovzdáme s dobrými úmyslami, príjemcu to môže zraniť alebo uraziť; a ak sa tak stane, potom to môže rozdúchať medzi ľuďmi svár.

Mt 12, 36-37 hovorí: *„Hovorím vám však, že v deň súdu sa ľudia budú zodpovedať za každé prázdne slovo, ktoré vyrieknu. Na základe svojich slov budeš ospravedlnený a na základe svojich slov budeš odsúdený."* Preto by sme sa mali zdržať rozprávania slov, ktoré nie sú v Pánovi pravdou a láskou. To sa týka aj toho, ako by sme mali slová počúvať.

Po tretie, súdiť a kritizovať ostatných bez toho, aby sme skutočne poznali ich srdce, je tiež formou krivého svedectva proti blížnemu.

Ľudia dosť často vyslovujú rozsudok o srdci alebo zámeroch iného človeka na základe obyčajného pohľadu na jeho výraz alebo skutky, používaním vlastných myšlienok a pocitov ako sprievodcu. Môžu hovoriť: „Tento človek to zrejme povedal s týmto úmyslom,“ alebo môžu povedať: „Určite mal tieto zámery, keďže konal týmto spôsobom.“

Predpokladajme, že mladý pracovník sa nesprával príliš prívetivo k jeho nadriadenému, pretože bol nervózny z nového prostredia. Jeho nadriadený si môže myslieť: „Tento nový zamestnanec vyzerá pri mne nepohodlne. Možno je to preto, že som ho nedávno trochu kritizoval.“ Je to mylná predstava vytvorená nadriadeným na základe jeho vlastných predstáv. V inom prípade, niekto so slabým zrakom alebo zahĺbený v hlbokej myšlienke prejde popri priateľovi bez toho, aby si uvedomil, že to bol jeho priateľ. Priateľ by si mohol myslieť: „Správa sa, ako keby ma nepoznal! Som zvedavý, či sa na mňa hnevá.“

A ak by bol v rovnakej situácii niekto iný, môže prejaviť inú reakciu. Každý človek má iné myšlienky a pocity, a tak každý človek reaguje na určité situácie inak. Preto za predpokladu, že každý človek dostal rovnako ťažkú úlohu, každý človek bude mať inú úroveň sily na jej prekonanie. To je dôvod, prečo pri pohľade na človeka v bolesti by sme ho nemali súdiť na základe nášho vlastného štandardu tolerancie bolesti a myslieť si: „Prečo robí toľko kriku pre nič?“ Nie je jednoduché úplne pochopiť srdce iného človeka, ani keď ho skutočne milujete a máte s ním blízky vzťah.

Navyše, existuje mnoho iných spôsobov, ako ľudia súdia a nesprávne chápu ostatných, sú z nich sklamaní, a nakoniec ich odsúdia... to všetko preto, že súdili ostatných na základe vlastných štandardov. Ak na základe vlastných štandardov súdime iného človeka, mysliac si, že má v srdci určitý zámer, hoci v skutočnosti nemá, a potom o ňom rozprávame negatívne, podávame o ňom krivé svedectvo. A ak sa budeme podieľať na tomto druhu skutku počúvaním tohto klamstva a prispievaním k posudzovaniu a odsudzovaniu nejakého človeka, aj vtedy sa dopúšťame hriechu krivého svedectva proti blížnemu.

Väčšina ľudí si myslí, že ak oni sami reagovali na nejakú situáciu zlým spôsobom, potom aj ostatní ľudia v rovnakej situácii urobia to isté. Vzhľadom k tomu, že majú nečestné srdce, myslia si, že aj iní majú nečestné srdce. Keď vidia určitú situáciu alebo scénu a majú zlé myšlienky, myslia si: „Stavím sa, že aj ten druhý má zlé myšlienky.“ A pretože sa na ostatných pozerajú povýšenecky, myslia si: „Ten človek sa na mňa pozerá povýšenecky. Je namyslený.“

To je dôvod, prečo je v Jak 4, 11 napísané: „*Bratia, neohovárajte sa navzájom. Kto ohovára brata alebo ho súdi, ohovára a súdi zákon. Ale ak súdiš zákon, nie si plniteľ zákona, ale sudca.*“ Ak niekto súdi alebo ohovára spolubrata, znamená to, že je pyšný, a že v skutočnosti chce byť ako Boh Sudca.

Je dôležité vedieť, že ak hovoríme o slabostiach druhých ľudí a súdime ich, páchame hriech, ktorý je oveľa horší. Mt 7, 1-5 hovorí: „*Nesúďte, aby ste neboli súdení. Lebo akým súdom súdite, takým budete súdení. Akou mierou meriate, takou sa nameria vám. A prečo vidíš smietku v oku svojho brata a brvno vo vlastnom oku nezbadáš? Alebo ako môžeš povedať svojmu bratovi: ,Dovoľ, vyberiem ti smietku z oka! – a pozri, v oku máš brvno?' Pokrytec, vyber najprv brvno z vlastného oka a potom uvidíš, ako vybrať smietku z oka svojho brata."*

Ďalšou vecou, v ktorej musíme byť veľmi opatrní, je súdenie Božích slov na základe vlastných myšlienok. Čo je nemožné pre človeka, je možné pre Boha, a tak, keď ide o Božie slová, nemali by sme nikdy povedať: „To nie je pravda."

Klamať preháňaním alebo uberaním z pravdy

Ľudia majú tendenciu na dennom poriadku bez zlých úmyslov preháňať alebo zámerne z pravdy uberať. Napríklad, ak niekto zjedol veľa jedla, mohli by sme povedať: „Zjedol všetko." A keď ešte trochu jedla zostalo, mohli by sme povedať: „Nezostala ani omrvinka!" Sú dokonca aj chvíle, keď po tom, čo vidíme, že traja alebo štyria ľudia s niečím súhlasia, povieme: „Každý s tým súhlasil."

To, čo mnoho ľudí nepovažuje za klamstvo, je v podstate klamstvom. Existujú dokonca prípady, keď hovoríme o situácii, o ktorej nepoznáme všetky fakty, a v dôsledku toho klameme.

Napríklad, povedzme, že sa nás niekto opýta, koľko zamestnancov pracuje v určitej spoločnosti a my odpovieme:

„Pracuje tam toľko a toľko ľudí," a neskôr si to spočítame a zistíme, že skutočný počet je iný. Aj keď sme neklamali úmyselne, to, čo sme povedali, je stále klamstvo, pretože sa líši od pravdy. A tak v tomto prípade je lepšie odpovedať: „Neviem presný počet, ale myslím si, že tam pracuje asi toľko a toľko ľudí."

Samozrejme, že v týchto druhoch prípadov sme sa nesnažili klamať zámerne so zlými motívmi alebo so zlým srdcom súdiť iných ľudí. Avšak, ak vidíme aj najmenší náznak tohto druhu myšlienok a skutkov, potom je dobré snažiť sa dostať ku koreňu problému. Človek, ktorého srdce je naplnené pravdou, nebude pridávať alebo uberať z pravdy, bez ohľadu na to, o akú malú záležitosť ide.

Veľmi pravdivý a čestný človek dokáže prijať pravdu ako pravdu a odovzdať pravdu ako pravdu. A tak, aj keď je niečo veľmi malé a bezvýznamné, keď samých seba prichytíme o tom rozprávať s najmenším náznakom klamstva, potom by sme mali vedieť, že to znamená, že naše srdce ešte nie je úplne naplnené pravdou. A keď naše srdce nie je úplne naplnené pravdou, znamená to, že ak sme vystavení životohrozujúcej situácii, sme plne schopní spôsobiť škodu inému človeku klamstvom o ňom.

Ako je napísané v 1 Pt 4, 11: *„Keď niekto hovorí, nech hovorí slovami, ktoré mu dal Boh,"* mali by sme sa pokúsiť neklamať ani nežartovať používaním nepravdivých slov. Bez ohľadu na to, čo hovoríme, mali by sme vždy hovoriť pravdu, ako keby sme hovorili samotné Božie slová. To môžeme dosiahnuť vrúcnou modlitbou a získaním vedenia Ducha Svätého.

Kapitola 11

„Nepožiadaš majetku blížneho svojho, ani ničoho, čo jeho je"

Ex 20, 17

„Nebudeš túžiť po dome svojho blížneho a nebudeš túžiť ani po manželke svojho blížneho, ani po jeho sluhovi, ani jeho slúžke, ani jeho volovi, ani jeho oslovi; ani po ničom, čo patrí tvojmu blížnemu!"

Poznáte príbeh o husi, ktorý znášala zlaté vajcia, jednej z Ezopových slávnych bájok? Kedysi dávno žil v malej dedine farmár, ktorý mal zvláštnu hus. Kým premýšľal nad tým, čo s husou urobiť, stalo sa niečo veľmi zvláštne.

Hus začala každé ráno znášať zlaté vajce. A potom si jedného dňa farmár pomyslel: „Hus má pravdepodobne v sebe veľa vajec." A zrazu sa farmár stal chamtivým a chcel mnoho zlata, aby mohol ihneď zbohatnúť bez toho, aby musel každý deň čakať na jedno zlaté vajce.

A keď sa jeho chamtivosť stala príliš veľkou, farmár rozrezal hus a zistil, že v huse nebolo ani zrnko zlata. V tej chvíli si farmár uvedomil, že sa mýlil a oľutoval jeho skutok, ale už bolo neskoro.

Rovnako ako v tomto príbehu chamtivosť človeka nepozná medze. Bez ohľadu na to, koľko riek sa vlieva do oceánu, oceán sa nikdy nepreplní. Taká je ľudská chamtivosť. Bez ohľadu na to, koľko veľa človek má, neexistuje úplná spokojnosť. Vidíme to každý deň. Keď sa chamtivosť človeka stane takou veľkou, nielenže sa cíti nespokojný s tým, čo má, ale tiež sa stane chamtivým a snaží sa vlastniť to, čo majú ostatní, aj keď to znamená použiť zlé metódy. Nakoniec spácha smrteľný hriech.

„Nepožiadaš majetku blížneho svojho, ani ničoho, čo jeho je"

„Chamtivosť" po niečom znamená chcieť niečo, čo nám

nepatrí a snažiť sa nevhodnými spôsobmi získať majetok niekoho iného; alebo mať srdce, ktoré túži po všetkých telesných veciach tohto sveta.

Väčšina trestných činov začína chamtivým srdcom. Chamtivosť môže primäť ľudí ku klamstvu, krádeži, okrádaniu, podvádzaniu, sprenevere, vražde a spáchaniu rôznych iných druhov trestných činov. Existujú aj prípady, keď ľudia túžia získať nielen materiálne veci, ale aj postavenie a slávu.

V dôsledku týchto chamtivých sŕdc sa občas súrodenecké vzťahy, vzťahy medzi rodičmi a deťmi, dokonca aj vzťahy medzi manželmi obrátia na nepriateľské vzťahy. Niektoré rodiny sa stanú nepriateľmi, a namiesto vedenia šťastného života v pravde ľudia začnú žiarliť a závidieť tým, ktorí majú viac ako oni.

To je dôvod, prečo prostredníctvom desiateho prikázania nás Boh varuje pred chamtivosťou, ktorá rodí hriech. Navyše, Boh chce, aby sme upriamili našu myseľ na to, čo je hore (Kol 3, 2). Iba vtedy, keď budeme hľadať večný život a naplníme si srdce nádejou na nebo, môžeme nájsť pravé uspokojenie a šťastie. Až potom môžeme odhodiť chamtivosť. Lk 12, 15 hovorí: *„Dajte pozor a vyvarujte sa akejkoľvek chamtivosti po nadbytku! Lebo život človeka nezávisí od jeho majetku a hojnosti.“* Ako hovorí Ježiš, iba vtedy, keď odhodíme všetku chamtivosť, môžeme sa vzdialiť od hriechu, a tak mať večný život.

Proces, pri ktorom sa chamtivosť prejaví navonok v podobe hriechu

Ako sa vlastne chamtivosť stane hriešnym skutkom? Povedzme, že ste navštívili dom mimoriadne bohatých ľudí. Dom je postavený z mramoru a je absolútne obrovský. V dome je tiež mnoho rôznych druhov luxusných vecí. Stačí to na to, aby niekto povedal: „Tento dom je úžasný. Je to úplná nádhera!“

Ale mnoho ľudí neskončí pri takomto komentári. Pokračujú premýšľajúc: „Aj ja by som chcel taký dom. Kiež by som mohol byť taký bohatý ako tento človek....“ Samozrejme, že praví veriaci nedovolia, aby táto myšlienka prerástla do myšlienky o krádeži. Ale vďaka tomuto druhu myslenia: „Kiež by som to mohol mať aj ja,“ do srdca môže vstúpiť chamtivosť.

A keď do srdca vstúpi chamtivosť, je len otázkou času, kedy sa človek dopustí hriechu. Jak 1, 15 hovorí: „*Žiadostivosť potom, keď počne, porodí hriech a vykonaný hriech splodí smrť.*“ Existujú veriaci, ktorí premožení touto túžbou alebo chamtivosťou spáchajú trestný čin.

V Joz 7 čítame o Achánovi, ktorý bol premožený týmto druhom chamtivosti a za trest zomrel. Jozue, ako vodca po Mojžišovi, bol v procese dobytia Kanaánu. Izraeliti práve dobyli Jericho. Jozue varoval ľudí, že všetko, čo pochádza z Jericha, patrí Bohu, preto by na to nemal nikto siahnuť.

Avšak, Achán pri pohľade na drahé šaty a trochu striebra

a zlata začal po tom túžiť a v tichosti si ich skryl pre seba. Vzhľadom k tomu, že Jozue o tom nevedel, pokračoval v dobýjaní ďalšieho mesta, ktorým bolo mesto Aj. Keďže Aj bolo malé mesto, Izraeliti to považovali za ľahký boj. Ale na ich prekvapenie boj prehrali. Potom Boh povedal Jozuovi, že príčinou bol Achánov hriech. Ako výsledok, musel zomrieť nielen Achán, ale aj celá jeho rodina, dokonca aj jeho dobytok.

V 2 Kr 5 sa dočítame o Geházim, služobníkovi Elizea, ktorý tiež dostal malomocenstvo, pretože túžil po veciach, po ktorých nemal. Elizeus povedal generálovi Naámanovi, aby sa pre očistenie od malomocenstva sedemkrát umyl v rieke Jordán. Potom, čo bol Naáman uzdravený, chcel dať Elizeovi ako prejav vďaky nejaký dar. Ale Elizeus odmietol čokoľvek prijať.

Keď bol generál Naáman na ceste späť do jeho vlasti, Geházi ho dobehol a správal sa, ako keby ho poslal Elizeus a požiadal o nejaké veci. Veci vzal a ukryl ich. Okrem toho, vrátil sa k Elizeovi a pokúsil sa ho oklamať, a to aj napriek skutočnosti, že Elizeus od samého začiatku vedel, čo má za lubom. A tak Geháziho postihlo malomocenstvo, ktorým predtým trpel Naáman.

Rovnaký prípad boli aj Ananiáš a jeho manželka Zafíra v Sk 5. Predali kus svojho majetku a peniaze, ktoré kúpou získali, sľúbili dať Bohu. Ale potom, čo mali peniaze v rukách, ich srdcia sa zmenili, ukryli časť peňazí pre seba a zvyšok odniesli apoštolom. Chamtivosťou po peniazoch sa pokúsili apoštolov oklamať. Ale klamať apoštolov je rovnaké ako klamať Ducha Svätého, a tak ihneď vypustili dušu a obaja tam na mieste zomreli.

Chamtivé srdce vedie k smrti

Chamtivosť je veľký hriech, ktorý v konečnom dôsledku vedie k smrti. Preto je veľmi dôležité, aby sme z našich sŕdc odhodili chamtivosť, rovnako ako aj pokušenia a lakomstvo, ktoré spôsobujú, že túžime po telesných veciach tohto sveta. Na čo je to dobré, ak získate všetko, čo chcete, ale stratíte život?

Naopak, aj keď nemáte všetko bohatstvo sveta, ale veríte v Pána a máte pravý život, potom ste skutočne bohatým človekom. Ako sme sa dozvedeli z podobenstva o boháčovi a žobrákovi Lazárovi v Lk 16, pravé požehnanie je získanie spásy po odhodení chamtivého srdca.

Boháč, ktorý v Boha neveril a nemal žiadnu nádej na nebo, viedol prepychový život – nosil jemné oblečenie, ukájal si svoju svetskú nenásytnosť a zabával sa radovánkami. Na druhej strane, žobrák Lazár žobral pri boháčovej bráne. Jeho život bol veľmi biedny; i psy mu chodili lízať rany na tele. Avšak, v hĺbke jeho srdca chválil Boha a vždy mal nádej na nebo.

Nakoniec, zomrel aj boháč, aj Lazár. Žobrák Lazár bol vzatý anjelmi k Abrahámovi, ale boháč išiel do podsvetia, kde trpel v mukách. Pretože boháč z agónie a ohňa veľmi vysmädol, želal si len jednu kvapku vody, ale ani toto želanie nemohlo byť splnené.

Predpokladajme, že boháč dostal druhú šancu žiť tu na tejto zemi. Pravdepodobne by sa rozhodol pre večný život v nebi, aj keby to znamenalo viesť na zemi chudobný život. A keď niekto, kto na zemi žije veľmi biedny život ako Lazár, naučí sa, ako sa báť Boha a žiť v jeho svetle, môže získať aj požehnanie materiálneho bohatstva počas života tu na zemi.

Keď zomrela Sára, manželka otca viery Abraháma, Abrahám chcel kúpiť jaskyňu Machpelu, aby v nej svoju ženu pochoval. Majiteľ jaskyne mu ju chcel dať zadarmo, ale Abrahám ju odmietol prijať zadarmo a zaplatil za ňu plnú cenu. Urobil to preto, že v srdci nemal ani štipku chamtivosti. Keďže mu nepatrila, ani mu nenapadlo po nej túžiť (Gn 23, 9-19).

Okrem toho, Abrahám miloval Boha a poslúchal Jeho slovo; žil život v poctivosti a čestnosti. To je dôvod, prečo Abrahám počas jeho života tu na zemi získal nielen požehnanie materiálneho bohatstva, ale tiež požehnanie dlhého života, slávy, sily, potomkov, a oveľa viac. Dokonca dostal duchovné požehnanie byť nazvaný „priateľom Boha.“

Duchovné požehnania prevyšujú všetky hmotné požehnania

Niekedy sa ľudia zvedavo pýtajú: „Ten človek vyzerá ako dobrý veriaci. Ako to, že to vyzerá, ako keby nedostával mnoho požehnania?“ Keby bol ten človek skutočným nasledovníkom

Krista a každý deň prežíval s pravou vierou, videli by sme, ako ho Boh žehná najlepšími vecami.

Ako je napísané v 3 Jn 1, 2: „*Milovaný, modlím sa, aby sa ti vo všetkom darilo a bol si zdravý, tak ako sa darí tvojej duši.*" Boh nám žehná, aby sa v prvom rade darilo našej duši. Ak budeme žiť ako sväté Božie deti, odhadzovať všetko zlo z našich sŕdc a budeme poslušní Jeho prikázaniam, Boh nás určite požehná, aby sa nám vo všetkom darilo, vrátane nášho zdravia.

Ale ak niekto – koho duši sa nedarí – vyzerá, že dostáva veľa materiálnych požehnaní, nemôžeme povedať, že je to požehnanie od Boha. V tomto prípade môže jeho bohatstvo skutočne spôsobiť, že sa stane chamtivým. Jeho chamtivosť môže zrodiť hriech, a následne môže nakoniec odpadnúť od Boha.

V ťažkých situáciach sa ľudia môžu s čistým srdcom spoliehať na Boha a slúžiť mu usilovne s láskou. Ale príliš často začnú ich srdcia po obdržaní materiálneho požehnania v ich firme alebo na pracovisku túžiť po ďalších veciach tohto sveta a začnú sa vyhovárať na to, že sú príliš zaneprázdnení, a nakoniec sa od Boha vzdialia. Ak sú ich zisky alebo príjmy nízke, majú tendenciu dávať desiatky z celého srdca s vďakyvzdaním, ale keď ich príjmy vzrastú a ich desiatky je tiež potrebné zvýšiť, ich srdcia sú veľmi ľahko otrasené. Ak sa naše srdce takto zmení, vzdialime sa od Božieho slova, a nakoniec sa staneme rovnakými ako ľudia tohto sveta, potom sa požehnanie, ktoré sme dostali, môže stať skutočne naším nešťastím.

Avšak tí, ktorých duši sa darí, nebudú túžiť po veciach tohto sveta, a v prípade, že dostanú od Boha požehnanie cti a šťastia, nestanú sa chamtivejšími. A nebudú reptať alebo sa sťažovať len preto, že nemajú dobré veci tohto sveta; pretože sú Bohu ochotní obetovať všetko, čo majú, dokonca aj ich život.

Ľudia, ktorých dušiam sa darí, strážia si ich vieru a slúžia Bohu bez ohľadu na to, v akej situácii sa nachádzajú, používajúc požehnanie, ktoré dostali od Boha, len pre jeho kráľovstvo a slávu. A pretože ľudia s prosperujúcou dušou nemajú najmenšiu tendenciu hľadať svetské potešenie, blúdiť pri hľadaní zábavy alebo kráčať cestou smrti, Boh ich o to hojnejšie požehná.

To je dôvod, prečo sú duchovné požehnania oveľa dôležitejšie ako fyzické požehnania tohto sveta, ktoré sa pominú ako hmla. A tak, ako prvé sa nadovšetko musíme snažiť získať duchovné požehnania.

Nikdy by sme sa nemali usilovať o Božie požehnanie na uspokojenie svetských túžob

Dokonca, aj keď sme ešte nedostali duchovné požehnanie prosperity našej duše, ak budeme aj naďalej kráčať cestou spravodlivosti a s vierou hľadať Boha, On nás naplní, keď nadíde správny čas. Ľudia sa modlia za to, čo chcú, aby sa stalo ihneď; Avšak, pod nebom je čas a doba trvania pre všetko a Boh pozná ten najlepší čas. Sú chvíle, kedy nás Boh necháva čakať, aby nás mohol ešte viac požehnať.

Ak prosíme Boha o niečo z pravej viery, potom dostaneme silu neustále sa modliť, až kým nedostaneme odpoveď. Ale keď prosíme Boha o niečo z telesných túžob, potom bez ohľadu na to, ako veľmi sa modlíme, nedostaneme vieru skutočne veriť a nedostaneme od neho odpoveď.

Jak 4, 2-3 hovorí: „*Ste žiadostiví, ale nemáte; vraždíte a závidíte, ale nemôžete nič dosiahnuť; bijete sa a bojujete, ale nič nemáte, lebo neprosíte; prosíte, ale nedostávate, lebo prosíte zle; chcete to premárniť podľa svojich zlých žiadostí.*" Boh nám nemôže odpovedať, keď prosíme o niečo na uspokojenie našich svetských túžob. Ak mladý študent prosí rodičov o peniaze na kúpu niečoho, čo by nemal kúpiť, rodičia by mu peniaze nemali dať.

To je dôvod, prečo by sme sa nemali modliť a hľadať našimi vlastnými myšlienkami, ale radšej by sme sa mocou Ducha Svätého mali usilovať o veci, ktoré sú v súlade s Božou vôľou (Jud 1, 20). Duch Svätý pozná Božie srdce a chápe hlboké Božie veci; preto, ak sa počas modlitby spoliehate na vedenie Duchom Svätým, môžete rýchlo získať Božiu odpoveď na každú vašu modlitbu.

Ako sa teda spoliehame na vedenie Duchom Svätým a modlíme podľa Božej vôle?

Po prvé, musíme sa vyzbrojiť Božím slovom a používať Jeho

slovo v našom každodennom živote, aby bolo naše srdce ako srdce Ježiša Krista. Ak budeme mať srdce ako Kristus, potom sa budeme prirodzene modliť podľa Božej vôle a rýchlo dostaneme odpovede na všetky naše modlitby. Dôvodom je to, že Duch Svätý, ktorý pozná Božie srdce, bude strážiť naše srdcia, preto budeme môcť prosiť o to, čo skutočne potrebujeme.

Ako je napísané v Mt 6, 33: *„Hľadajte však najprv Božie kráľovstvo a jeho spravodlivosť a toto všetko sa vám pridá,"* najprv hľadajte Boha a Jeho kráľovstvo, a potom proste o to, čo potrebujete. Keď sa modlíte, hľadajúc ako prvé Božiu vôľu, vo svojom živote zažijete Bohom vyliate požehnania tak, že vaša šálka bude pretekať všetkým, čo potrebujete tu na zemi, ba ešte viac.

To je dôvod, prečo by sme mali k Bohu nepretržite vznášať pravé modlitby z celého srdca. Keď si denne hromadíte mocné modlitby pod vedením Ducha Svätého, akákoľvek chamtivosť alebo hriešne podstaty budú z vášho srdca raz a navždy vyhnané a dostanete všetko, o čo v modlitbe prosíte.

Apoštol Pavol bol občanom Rímskej ríše a študoval u Gamaliela, najlepšieho a najznámejšieho učenca tej doby. Avšak, Pavol nemal záujem o veci tohto sveta. Všetko, čo mal, považoval v Kristovi za odpad. Rovnako ako Pavol, veci, ktoré rozhodne potrebujeme milovať, a po ktorých potrebujeme túžiť, je učenie Ježiša Krista alebo slová pravdy.

Ak by sme získali všetko bohatstvo sveta, česť, moc, atď, a nemali by sme večný život, na čo by nám to bolo? Ale ak, rovnako ako apoštol Pavol, zanecháme všetko bohatstvo tohto sveta a žijeme život podľa Božej vôle, potom nás Boh iste požehná, aby sa našej duši darilo. Navyše, v nebi budeme nazývaní „veľkými" a staneme sa úspešnými vo všetkých oblastiach nášho života aj tu na zemi.

Preto sa modlím, aby ste odhodili akúkoľvek chamtivosť alebo lakomstvo z vášho srdca a života, zatiaľ čo sa budete usilovne snažiť o spokojnosť s tým, čo už máte, a svoju nádej budete mať v nebi. Potom viem, že budete vždy viesť život pretekajúci vďakyvzdaním a radosťou.

Kapitola 12

Dodržiavať Boží zákon

Prís 8, 17

,,Milujem tých, čo ma milujú. Tí, čo ma túžobne hľadajú, nachádzajú ma.''

V Mt 22 je scéna, kde sa jeden z farizejov opýtal Ježiša, ktoré prikázanie v zákone je najväčšie.

Ježiš mu odpovedal: *„Milovať budeš Pána, svojho Boha, celým svojím srdcom a celou svojou dušou a celou svojou mysľou. To je veľké a prvé prikázanie. Druhé je mu podobné: Milovať budeš svojho blížneho ako seba samého. Na týchto dvoch prikázaniach spočíva celý zákon i proroci“* (Mt 22, 37-40).

To znamená, že ak milujeme Boha celým svojím srdcom, celou svojou dušou a celou svojou mysľou a milujeme svojich blížnych ako seba samého, potom môžeme ľahko zachovávať aj všetky ostatné prikázania.

Ak skutočne milujeme Boha, ako môžeme páchať hriechy, ktoré Boh nenávidí? A ak milujeme svojich blížnych ako seba samého, ako im môžeme spôsobovať zlo?

Prečo nám Boh dal jeho prikázania

Prečo si Boh robil starosti s tým, aby nám dal Desatoro prikázaní, namiesto toho, aby nám len povedal: „Miluj svojho Boha a miluj svojho blížneho ako seba samého“?

Je to preto, že v časoch Starého zákona, pred érou Ducha Svätého, bolo pre ľudí ťažké skutočne milovať zo srdca ich vlastnou vôľou. A tak skrze Desatoro prikázaní, ktoré dali

Izraelitom dostatočnú mieru donútenia na to, aby Boha poslúchali, Boh ich prostredníctvom ich skutkov viedol k tomu, aby ho milovali a báli sa ho, ako aj milovali svojich blížnych.

Doteraz sme sa pozreli bližšie na každé prikázanie osobitne, ale teraz sa pozrieme na prikázania ako dve veľké skupiny: láska k Bohu a láska k našim blížnym.

Prvé až štvrté prikázanie možno zhrnúť takto: „Miluj Pána, svojho Boha, celým svojím srdcom, celou svojou dušou a celou svojou mysľou." Slúžte len Bohu Stvoriteľovi, nevytvárajte si žiadne modly ani ich neuctievajte, dávajte si pozor, aby ste nezneužili Božie meno a zachovávajte deň odpočinku svätý, sú všetky spôsobmi, ako milovať Boha.

Piate až desiate prikázanie je možné zhrnúť takto: „Miluj svojho blížneho ako seba samého." Ctite si rodičov, vyvarujte sa vraždy, krádeže, krivého svedectva, chamtivosti, atď., sú všetky spôsobmi, ako zabrániť zlým skutkom voči ostatným alebo našim blížnym. Ak milujeme svojich blížnych ako seba samého, nebudeme chcieť, aby zažili bolesť, a preto budeme schopní zachovávať tieto prikázania.

Boha musíme milovať z hĺbky našich sŕdc

Boh nás nenúti zachovávať jeho prikázania. On nás vedie k

ich dodržiavaniu skrze našu lásku k nemu.

V Rim 5, 8 je napísané: *„No Boh dokazuje svoju lásku k nám tým, že Kristus zomrel za nás, keď sme boli ešte hriešni.“* Boh nám dokázal jeho veľkú lásku ako prvý.

Je ťažké nájsť niekoho, kto je ochotný zomrieť namiesto dobrého alebo spravodlivého človeka, alebo dokonca blízkeho priateľa, ale Boh poslal jeho jediného Syna Ježiša Krista na smrť namiesto hriešnikov, aby ich vyslobodil z prekliatia, pod ktoré patrili v súlade so zákonom. Boh ukázal lásku, ktorá prevyšuje spravodlivosť.

A ako je napísané v Rim 5, 5: *„A nádej neklame, lebo Božia láska je rozliata v našich srdciach skrze Ducha Svätého, ktorého sme dostali.“* Boh dáva Ducha Svätého ako dar všetkým jeho deťom, ktoré prijímajú Ježiša Krista, aby mohli plne pochopiť Božiu lásku.

To je dôvod, prečo tí, ktorí sú spasení vierou a krstení vodou a Duchom Svätým, milujú Boha nielen ich mysľou, ale skutočne z hĺbky ich srdca, čo im pomáha dodržiavať jeho prikázania z pravej lásky k nemu.

Pôvodná Božia vôľa

Pôvodne Boh stvoril ľudí, pretože túžil mať pravé deti, ktoré by mohol milovať, a ktoré by mohli ich vlastnou slobodnou vôľou milovať jeho. Ale ak niekto dodržiava všetky Božie prikázania, no nemiluje Boha, ako môžeme povedať, že je pravým Božím dieťaťom?

Nádenník, ktorý pracuje za mzdu, nemôže zdediť firmu jeho zamestnávateľa, ale potomok zamestnávateľa, ktorý je úplne iný ako nádenník, môže firmu zdediť. A rovnako aj tí, ktorí zachovávajú všetky Božie prikázania, môžu získať všetky jeho prisľúbené požehnania, ale ak nechápu Božiu lásku, nemôžu byť pravými Božími deťmi.

Preto ten, kto chápe Božiu lásku a dodržiava jeho prikázania, zdedí nebo a môže žiť v najkrajšej časti neba ako pravé Božie dieťa. A životom po boku Otca môže naveky žiť v sláve jasnej ako slnko.

Boh chce, aby všetci ľudia, ktorí získali spásu skrze krv Ježiša Krista, a ktorí ho milujú z hĺbky ich srdca, žili s ním v Novom Jeruzaleme, kde je jeho trón, a mali večnú účasť na jeho láske. To je dôvod, prečo Ježiš v Mt 5, 17 povedal: „*Nemyslite si, že som prišiel zrušiť zákon alebo prorokov. Neprišiel som zrušiť, ale naplniť.*"

Dôkaz toho, ako veľmi milujeme Boha

Iba ak pochopíme pravý dôvod, prečo nám Boh dal jeho

prikázania, môžeme splniť zákon s láskou, ktorou milujeme Boha. Pretože máme prikázania alebo zákony, môžeme fyzicky dokázať „lásku", čo je abstraktný pojem fyzickým okom neviditeľný.

Ak niektorí ľudia povedia: „Bože, milujem ťa z celého srdca, tak ma, prosím ťa, požehnaj," ako môže Boh spravodlivosti overiť toto tvrdenie predtým, ako ich požehná, pokiaľ neexistuje štandard na overenie? Pretože máme štandard, ktorým sú prikázania alebo zákon, môžeme zistiť, či skutočne Boha milujeme celým svojím srdcom. Ak ľudia perami vyznajú, že milujú Boha, ale nezachovávajú deň odpočinku svätý, ako Boh prikázal, potom môžeme vidieť, že Boha nemilujú skutočne.

Preto sú Božie prikázania štandardom, podľa ktorého môžeme overiť alebo vidieť, ako veľmi Boha milujeme.

To je dôvod, prečo 1 Jn 5, 3 hovorí: *„Lebo láska k Bohu je v tom, že zachovávame jeho prikázania; a jeho prikázania nie sú ťažké."*

Milujem tých, ktorí ma milujú

Požehnanie, ktoré dostávame od Boha ako dôsledok poslušnosti k jeho prikázaniam, je požehnaním, ktoré nemizne ani sa nemení.

Napríklad, čo sa stalo s Danielom, ktorý potešoval Boha jeho pravou vierou a nikdy nerobil so svetom kompromisy?

Daniel pochádzal z Júdovho kmeňa a bol potomkom rodu kráľov. Ale keď južné Judsko zhrešilo proti Bohu, Nabuchodonozor, babylonský kráľ, prvýkrát tento národ napadol v roku 605 p.n.l.. V tej dobe bol Daniel, ktorý bol veľmi mladý, vzatý ako zajatec do Babylonu.

V súlade s kráľovskou asimilačnou politikou boli Daniel a niekoľko ďalších mladíkov, ktorí boli tiež zajatcami, vybraní bývať v Nabuchodonozorovom paláci a tri roky byť vzdelávaní chaldeánskym spôsobom.

Počas tejto doby Daniel požiadal, aby nemusel jesť denné porcie jedla a vína z kráľovského stola zo strachu, že sa ušpiní potravinami, ktoré mu Boh zakázal jesť. Ako zajatec nemal právo odmietnuť jedlo, ktoré mu pridelil kráľ, ale Daniel chcel urobiť všetko, čo mohol, aby si udržal svoju vieru pred Bohom čistú.

Boh vidiac Danielovo úprimné srdce, pohol srdcom dôstojníka zajatcov, a tak Daniel nemusel jesť ani piť kráľovské jedlo a víno.

Postupom času Daniel, ktorý úplne dodržiaval Božie prikázania, dosiahol pozíciu predsedu vlády nežidovského národa, Babylonu. Vzhľadom k tomu, že Daniel mal neochvejnú vieru, ktorá mu bránila robiť so svetom kompromisy, Boh bol ním potešený. A tak, aj keď sa národy zmenili a zmenili sa aj králi, Daniel zostal dokonalým vo všetkých svojich cestách, a aj naďalej ho Boh miloval.

Tí, čo ma hľadajú, nachádzajú ma

Aj v dnešnej dobe môžeme vidieť tento druh požehnania. Môžeme vidieť, že každého, kto má vieru ako Daniel, ktorý nikdy nerobil so svetom kompromisy a dodržiaval Božie prikázania s radosťou, Boh žehná prekypujúcim požehnaním.

Asi pred desiatimi rokmi pracoval jeden z našich starších pre jednu z najlepších finančných spoločností v krajine. Pre nalákanie klientely spoločnosť organizovala pre klientov pravidelné víkendové stretnutia za účelom požívania alkoholu a golfové stretnutia, ktoré boli povinné. V tej dobe bol náš starší diakonom a po obdržaní tejto pozície a skutočnom pochopení Božej lásky, a to aj napriek svetským praktikám spoločnosti, nikdy so svojimi klientami nepil a nikdy nevynechal nedeľné uctievanie Boha.

Jedného dňa mu generálny riaditeľ spoločnosti povedal: „Vyber si medzi touto spoločnosťou a kostolom." Keďže bol od prírody rozhodným človekom, nemusel dvakrát premýšľať predtým, ako odpovedal: „Táto spoločnosť je pre mňa dôležitá, ale keď ma žiadaš o rozhodnutie medzi touto spoločnosťou a kostolom, vyberám si kostol."

Boh zázračne pohol srdcom generálneho riaditeľa a ten

do staršieho vložil viac dôvery a povýšil ho. To nebolo všetko. Čoskoro na to nasledoval celý rad povýšení a starší sa ocitol v pozícii generálneho riaditeľa spoločnosti!

Preto, ak milujeme Boha a snažíme sa dodržiavať jeho prikázania, Boh nám pomáha vyniknúť vo všetkom, čo robíme a žehná nás vo všetkých oblastiach nášho života.

Na rozdiel od právnych predpisov spoločnosti sa Bohom prisľúbené slová s časom nemenia. Bez ohľadu na to, v akej dobe žijeme a bez ohľadu na to, kto sme, keď jednoducho zachovávame Božie slovo a podľa neho žijeme, môžeme získať prisľúbené Božie požehnanie.

Dodržiavať Boží zákon

Preto Desatoro prikázaní alebo zákon, ktoré Boh dal Mojžišovi, nás učia štandardu, podľa ktorého môžeme získať Božiu lásku a požehnanie.

A ako je napísané v Prís 8, 17: „*Milujem tých, čo ma milujú. Tí, čo ma túžobne hľadajú, nachádzajú ma,*“ podľa toho, do akej miery zachovávame jeho zákony, do takej miery môžeme dostať jeho lásku a požehnanie.

Ježiš povedal v Jn 14, 21: „*Kto prijal moje prikázania a zachováva ich, ten ma miluje. A kto mňa miluje, toho bude milovať aj môj Otec; aj ja ho budem milovať a zjavím mu seba samého.“*

Zdajú sa Božie zákony byť ťažké alebo násilné? Ale ak skutočne Boha milujeme z hĺbky našich sŕdc, dokážeme ich dodržiavať. A keď sami seba nazývame Božími deťmi, mali by sme ich prirodzene dodržiavať.

To je spôsob, ako získať Božiu lásku, spôsob, ako byť s Bohom, stretnúť sa s Bohom a získať jeho odpovede na naše modlitby. A čo je najdôležitejšie, jeho zákon nás vzdiaľuje od hriechu a posúva na cestu spásy, preto je jeho zákon veľkým požehnaním!

Pretože predkovia viery, ako Abrahám, Daniel a Jozef, starostlivo dodržiavali jeho zákon, dostali požehnanie byť povýšení nad národy. Získali požehnanie vchádzať aj vychádzať. Tešili sa nielen z tohto požehnania vo všetkých oblastiach ich života, ale dokonca aj v nebi dostali požehnanie vstúpiť do slávy jasnej ako slnko.

V mene nášho Pána sa modlím, aby ste neustále upriamovali vaše uši k Božích slovám, nachádzali potešenie v Pánovom zákone, meditovali nad ním vo dne aj v noci, a tým ho úplne dodržiavali.

„Vidíš, že milujem tvoje rozkazy,
Pane, podľa svojho milosrdenstva mi zachovaj život!
Tí, čo milujú tvoj zákon, majú hojnosť pokoja,
nemajú sa o čo potknúť.

V nádeji očakávam tvoju spásu,
Pane, a plním tvoje príkazy.
Kiež môj jazyk ospevuje tvoju reč,
lebo všetky tvoje príkazy sú spravodlivé"
(Ž 119, 159; 165; 166, 172).

Autor:
Dr. Jaerock Lee

Dr Jaerock Lee sa narodil v roku 1943 v Muane v Jeonnamskej provincii v Kórejskej republike. V jeho dvadsiatich rokoch sedem rokov trpel mnohými nevyliečiteľnými chorobami a bez nádeje na uzdravenie čakal na smrť. Jedného dňa, na jar v roku 1974, ho sestra vzala do kostola, a keď pokľakol k modlitbe, živý Boh ho ihneď uzdravil zo všetkých chorôb.

Odkedy Dr Lee stretol živého Boha prostredníctvom tejto úžasnej skúsenosti, celým srdcom úprimne miluje Boha. V roku 1978 bol povolaný, aby sa stal Božím služobníkom. Vrúcne sa modlil, aby mohol jasne pochopiť Božiu vôľu, úplne ju splniť a dodržiavať celé Božie slovo. V roku 1982 založil Manminskú centrálnu cirkev v Soule v Kórei. V jeho cirkvi sa uskutočňuje nespočetné množstvo Božích skutkov, vrátane zázračných uzdravení a zázrakov.

V roku 1986 bol Dr Lee vysvätený za pastora na výročnom zhromaždení Ježišovej Sungkyulskej cirkvi v Kórei a o štyri roky neskôr, v roku 1990, začali vysielať jeho kázne v Austrálii, v Rusku, na Filipínach a v mnohých ďalších krajinách prostredníctvom rozhlasových staníc Far East Broadcasting Company, Asia Broadcast Station a Washington Christian Radio System.

O tri roky neskôr, v roku 1993, bola Manminská centrálna cirkev vybraná kresťanským časopisom Christian World (USA) za jednu z „50 najlepších svetových cirkví" a z univerzity Christian Faith College na Floride v USA dostal Dr. Lee čestný doktorát bohoslovia. V roku 1996 na teologickom seminári Kingsway Theological Seminary in Iowa v USA dosiahol PhD.

Od roku 1993 Dr Lee vedie svetovú evanjelizáciu prostredníctvom mnohých zahraničných výprav do Tanzánie, Argentíny, Baltimore City, Los Angeles, na Hawaj, a do New Yorku v USA, Ugandy, Japonska, Pakistanu, Kene, na Filipíny, Honduras, do Indie, Ruska, Nemecka, Peru, Demokratickej republiky Kongo, Izraela a Estónska.

V roku 2002 bol hlavnými kresťanskými novinami Christian newspapers v Kórei nazvaný „celosvetovým pastorom" kvôli jeho práci na rôznych zámorských výpravách. Zvlášť jeho výprava do New Yorku v roku

2006, ktorá sa konala na námestí Madison Square Garden, najväčšej svetoznámej aréne, bola vysielaná 220 národom, a jeho výprava do Izraela v roku 2009, ktorá sa konala v Medzinárodnom kongresovom centre (ICC) v Jeruzaleme, kedy smelo vyhlásil, že Ježiš Kristus je Mesiáš a Spasiteľ.

Jeho kázne sú vysielané do 176 krajín pomocou satelitov, vrátane GCN TV. V roku 2009 a 2010 bol populárnym ruským kresťanským časopisom *In Victory* a spravodajskou agentúrou *Christian Telegraph* zaradený medzi „desiatich najvplyvnejších kresťanských vodcov" pre jeho presvedčujúcu cirkevnú službu prostedníctvom televízneho vysielania a jeho cirkevné pôsobenie v zahraničí.

Od júla 2013 má Manminská centrálna cirkev kongregáciu s viac ako 120 000 členmi. Má 10 000 filiálok po celom svete, vrátane 56 domácich filiálok a viac ako 123 misionárov bolo poslaných do 23 krajín, vrátane Spojených štátov amerických, Ruska, Nemecka, Kanady, Japonska, Číny, Francúzska, Indie, Kene a mnoho ďalších krajín.

K dátumu tohto uverejnenia je Dr. Lee autorom 88 kníh, vrátane bestsellerov *Ochutnať večný život pred smrťou, Môj život Moja Viera I & II, Posolstvo kríža, Miera viery, Nebo I & II, Peklo, Prebuď sa, Izrael! a Božia moc.* Jeho diela sú preložené do viac ako 76 jazykov.

Jeho kresťanský stĺpec je vydávaný v časopisoch *The Hankook Ilbo, The JoongAng Daily, The Chosun Ilbo, The Dong-A Ilbo, The Munhwa Ilbo, The Seoul Shinmun, The Kyunghyang Shinmun, The Korea Economic Daily, The Korea Herald, The Shisa News a The Christian Press.*

Dr Lee je v súčasnej dobe vedúcou osobnosťou mnohých misijných organizácií a združení: Pozície, ktoré zastáva sú: predseda spoločnosti The United Holiness Church of Jesus Christ; prezident spoločnosti Manmin World Mission; permanentný prezident spoločnosti The World Christianity Revival Mission Association; zakladateľ & predseda komisie spoločnosti Global Christian Network (GCN); zakladateľ & predseda komisie spoločnosti World Christian Doctors Network (WCDN); a zakladateľ & predseda komisie spoločnosti Manmin International Seminary (MIS).

Nebo I & II

Podrobný nákres nádherného životného prostredia, z ktorého sa tešia nebeskí príslušníci a krásny popis rôznych úrovní nebeského kráľovstva.

Posolstvo kríža

Úžasné posolstvo prebudenia pre všetkých ľudí, ktorí sú duchovne spiaci! V tejto knihe nájdete dôvod, prečo je Ježiš jediný Spasiteľ a naozajstnú lásku Boha.

Peklo

Úprimné posolstvo Boha celému ľudstvu, ktorý chce, aby ani jedna duša nepadla do hlbín pekla! Objavíte nikdy predtým neodhalený opis krutej reality Dolného podsvetia a pekla.

Duch, Duša a Telo I & II

Sprievodca, ktorý nám dáva duchovné porozumenie ducha, duše a tela a pomáha nám zistiť druh nášho „ja", aby sme mohli získať moc poraziť temnotu a stať sa duchovným človekom.

Miera Viery

Čo je to za príbytok, vence a odmeny, ktoré sú pre vás pripravené v nebi? Táto kniha poskytuje múdre pokyny pre vás o tom, ako merať vieru a dosiahnuť tú najlepšiu a najzrelšiu vieru.

Prebuď sa, Izrael

Prečo Boh dohliadal na Izrael od začiatku sveta až dodnes? Aká Božia prozreteľnosť bola pripravená na posledné dni pre Izrael, ktorý čaká na Mesiáša?

Môj Život Moja Viera I & II

Najvoňavejšia duchovná vôňa získaná zo života, ktorý kvitol s neporovnateľnou láskou k Bohu, uprostred temných vĺn, studeného jarma a najhlbšieho zúfalstva.

Božia moc

Musíte si prečítať túto knihu, ktorá slúži ako základný sprievodca na získanie pravej viery a okúsenie úžasnej Božej moci.